_____년 _____월 _____일에

니체를 새기기 시작하다.

나를 단단하게 만드는
니체의 말

나를 단단하게 만드는
니체의 말

Friedrich Nietzsche

니체를 읽고 쓰고 새기다

김욱 지음

조은
책덤

C O N T E N T S

1. 변화와 시작

세상에 대한 환멸이 그의 영혼을 쓰디쓴 고통으로 인도했지만,

그는 머잖아 이 고통으로부터 쾌락이 태어나리라는 것을 깨닫게 된다.

그는 자신의 인생을 대표하여

지금까지 경험하지 못했던 고통이라는 폭군에 맞서 싸울 것이기 때문이다.

이것이 우리의 금지이며, 새로운 자극이다.

- '서광'

니체는 정신병원에서 생을 마감했다. 정신병원에 입원하기 전부터 심각했던 증세는 그에게서 평범한 일상을 송두리째 앗아가는 고통이었다. 니체는 보장된 명예와 사랑과 보편적인 행복이 사라진 눈앞의 현실에 좌절하며 괴로워했지만, 고통 속에서 투쟁이라는 삶의 원초적인 욕망에 눈을 뜨게 되었다. 무릎을 꿇고 고개를 조아리며 생존을 구걸하는 인습에서 벗어나 벌거벗고 나약하기만 한 인간의 본모습에 절망할 줄 알게 된 것이다. 이로써 니체는 모든 것을 잃었으나 우주에 단 하나뿐인 자기 자신을 소유하는 주체가 될 수 있었다.

허물을 벗지 못하는 뱀은 스스로 소멸한다.
새로운 생각을 방해받은 정신은 허물을 벗지 못하는 뱀이다.
새로움에 대한 열망이 막혀버린 정신은
더 이상 정신으로서 활동하지 못한다.

- '서광'

'다름'에는 각오가 필요한 법이다. 달라
진다는 것은 그림자에 머물지 않겠다는 선포이기 때문이다. 변
화는 언제나 보이지 않는 곳에서 시작된다. 변화가 눈에 보이
기까지 얼마나 많은 희생과 노력과 실망이 필요한지는 오직 변
화를 체감하는 개인만이 말할 수 있는 증거들이다. 이 증거들
이 인생이 누구의 것인지를 말해주는 목격자가 된다. 그리고
내 삶의 목격자는 원하고 있다. 왜 나는 변화해야만 하는가. 왜
나는 지금과 달라져야만 하는가, 라는 의문에 대한 해답을.

이십 대는 열정적이고, 지루하며,

언제 소나기가 내릴지를 알 수 없는 시기다.

이십 대는 늘 이마에 땀이 맺혀 있고,

삶이 고된 노동임을 어렴풋이 깨닫게 되지만,

이를 의심하지 못하고 필연으로 받아들이게 되는 연령이다.

그래서 이십 대는 여름이다.

삼십 대는 인생의 봄이다.

어떤 날은 공기가 너무 따사롭고,

또 어떤 날은 지나치게 춥다. 불안과 자극이 공존한다.

지저귀는 새소리에 놀라 잠에서 깨어나곤 한다.

그리하여 삼십 대는

처음으로 향수와 추억을 구별하게 되는 시기인 것이다.

- '인간적인, 너무나 인간적인'

　　　　　청춘은 구름 한 점 없는 하늘처럼 아직은 깨끗하고 숭고한 시절이다. 위대해지고 싶다든가, 부자가 되고 싶다고 말하는 것은 세상을 향해 거짓말을 하고, 나보다 더 많은 것을 가진 자들에게 머리를 숙이고, 나보다 어리석은 자들에게 아첨을 떨고, 나보다 가난한 자들을 속일 준비가 되어 있다는 고백과 다를 게 없다. 청춘은 정의와 함께 서 있어야 한다. 청년의 가슴 속에서 정의라는 관념이 희미해진다면 그의 청춘은 모든 함정과 위험에 직면하게 될 것이다.

벗들에게 지나간 10년,
혹은 20년의 세월을 다시 한 번 살아보고 싶지는 않은가,
물었다.
벗들은 싫다고 대답하였다.
"다가올 20년은 분명 오늘보다 아름다울 테니까."
그들은 믿고 있었다.

- '반시대적 고찰'

　　　　　　　　나이 들어가는 것이 낯설어지는 이유는 변해버린 환경이 마음
에 내키지 않기 때문이다. 그럴 때는 주위를 돌아볼 게 아니라 나 자신을 찬찬히 살펴봐
야 한다. 오늘보다 미래나 과거를 더 많이 생각한다는 것은 현재 자신이 어디로 가고 있
는지를 모르고 있다는 뜻이다. 세월은 내가 얼마나 늙었는지, 언제 죽을 것인지, 어떻게
저 세상으로 떠나게 될 것인지를 궁금해 하지 않는다. 그보다는 내가 어떻게 살아왔는
지, 무엇을 보며 살아왔는지를 더 궁금히 여긴다.

누군가에게 필요한 사람이 되고 싶다
는 욕망은 우리 모두의 것이다. 그 마음에서 인간다운 활력과
기쁨이 샘솟는다. 그러나 현실에서는 나를 도와줄 사람이 없다
고 불평할 때가 더 많다. 그런 불평과 실망으로부터 자유로워
지고 싶다면 내 마음의 진실한 목소리에 귀를 기울여 나 자신
이 나의 삶에 가장 필요한 누군가가 되려고 노력해야 한다. 그
노력이 결실을 맺게 되었을 때 비로소 세상을 의지하지 않고
자립하여 자신의 운명을 결정지을 수 있게 된다.

비로소 나는 고독이 얼마나 광포한 위협인지를 깨닫게 되었다.
그리고 많은 젊은이들이 나와 같은 괴로움에
시달리고 있다는 현실에도 눈을 떴다.
반자연적인 요구는 결국
또 다른 반자연적인 요구를 우리에게 명령한다.
너무나 많은 사람들이 지나치게 빨리 삶을 결정하는 바람에
버릴 수 없는 무거운 짐을 어깨에 멘 채 창백한 운명으로 살아가고 있다.

- '이 사람을 보라'

지속적인 명예를 원한다면
적당한 시기에 그 명예와 헤어질 줄 알아야 한다.
비록 그 연극이 고통스럽겠지만,
대중이 누군가를 절대적으로 찬양할 때
그것은 이제 그만 물러나 새 것을 보여달라는 요구이기 때문이다.

- '짜라투스트라는 이렇게 말했다'

우리는 자신의 약점이 무엇인지 알고 있다. 두려움은 언제나 아는 데서 시작된다. 세상에 완벽한 사람은 없다. 만약 이 세상에 완벽한 사람이 존재한다면 그의 가장 큰 약점은 완벽함일 것이다. 약점은 내가 그것을 인식하고 인정했을 때 명예라는 훌륭한 장점으로 바뀐다. 자신의 약점을 인정할 줄 아는 사람은 상대의 약점에 대해서도 너그럽게 인정하는 마음가짐을 보여줄 수 있기 때문이다. 나의 부족함을 드러냄으로써 원만하고 부드러운 관계가 맺어지기 때문이다.

삶의 여로를 걷는 우리들은 여행자다.

가장 비참한 여행자는 누군가를 따라가는 인간이며,

가장 위대한 여행자는 습득한 모든 지혜를 남김없이 발휘하여

스스로 목적지를 선택하는 인간이다.

- '인간적인, 너무나 인간적인'

　　　　　　　많은 사람들이 자기가 보고 싶은 것만 보려고 한다. 뻔히 보이는 오류와 거짓에 눈을 감아버린다. 정말 봐야 할 것들에 대해서도 눈을 감아버린다. 욕망, 돈, 물질적 성공의 결과는 눈이 빨갛게 충혈될 때까지 쳐다보면서 그 이면에 감춰진 눈물, 인내, 용기, 헌신에 대해서는 외면해버리기 일쑤다. 화려한 성공은 흐릿한 영상에 불과하다. 그 안에 새겨진 고통과 갈등, 절망의 순간들은 절대로 보이지 않는다.

친구들이여, 우리의 젊은 날에 우리는 한없이 고통스러웠다.

청춘, 그것은 마치 무거운 질병과도 같은 고뇌였다.

그 고통은 우리가 던져진 시대의 슬픔이었다.

우리들 청춘의 퇴폐와 분열은 시대의 고통이 되었다.

우리의 시대가 안고 있던 모든 연약함이 조건에 길들여져버린

우리의 청춘을 만들어냈다.

- '권력에의 의지'

우리 인생의 대부분이 타성에 젖어 있다. 내 목소리보다 누군가의 목소리가 더 크게 들리곤 한다. 거짓과 진실은 나보다 더 큰 목소리에 의해 판가름나는 것을 말없이 지켜볼 뿐이다. 내 안에 타인의 음성이 감춰져 있다면 거기서 울려퍼지는 목소리는 내 것이 아니다. 누군가를 대신해서 살고 싶은 사람은 없다. 누군가가 나를 대신해 살아주기를 바라는 사람도 없다. 그런데 이런 일이 생활 곳곳에서 아무렇지 않게 행해지고 있다. 나도 모르는 사이에 그것들에 길들여진 채 버릇이 되고, 타성은 개성으로 둔갑한다.

단지 사람들은 다가오지 않은 내일을 위해 살아 있을 뿐이다.

모레는 감히 예측할 수조차 없어 내일만 그리워한다.

저 미적지근한 바람의 기분 나쁜 숨결이 우리가 걷고 있는 이 길도

머잖아 아무도 기억해주지 못하리라는 것을 속삭여준다.

- '권력에의 의지'

하늘은 어디에서부터 시작될까? 나의
발치부터가 하늘의 시작이다. 개미를 본다. 개미에게 하늘은
어디서부터 시작되느냐고 묻는다면 더듬이 위부터 하늘이다,
라고 대답할 것이다. 그렇다면 세계는 어디서부터 시작일까?
이 질문에 대한 답은 하나다. '내가 바로 세계의 시작'이다. 한
사람의 인간은 결코 무력하지 않다. 세계를 변화시킬 자신은
우리에게 없지만 최소한 나 한 사람은 변화시킬 수 있다는 자
신감은 언제든 내 것이 된다. 그리고 내가 변화하는 순간, 놀랍
게도 세상이 나를 위해 변해주는 기적을 체험하게 된다.

　　　　　　　때로는 내가 산이 되어 나를 막곤 한
다. 때로는 내가 강이 되어 나의 걸음을 멈추게 한다. 눈앞의
산이, 다리가 놓이지 않은 강물이 나였다는 것을 알게 되었다
면 더 이상 두려울 것이 없다. 마주한 산과 강물을 평지로 만들
어버리는 일만 남았기 때문이다. 그 누구도 아닌 나 자신을 위
해 나라는 산을 깎고, 나라는 강물을 거둬들여야 한다는 진실
과 마주할 수 있다는 것은 축복이다. 나를 위해 준비된 길은 존
재하지 않음을 알고 있는 자는 용감하다. 나만이 나를 위한 길
이 될 수 있음을 더 이상 부정할 수 없기 때문이다.

파도에 발을 담그는 순간,
땅 위를 걷던 기억은 무용지물이 된다. 그것은 굴복이 아니다.
파도에 몸을 맡긴 인간은 헤엄을 쳐서라도
살아남겠다고 선택했을 뿐이다.

- '니체 대 바그너'

어떤 일을 이해하는 것보다 때로는 결정하기가 더 힘들다.

- '반시대적 고찰'

　번민 없는 인생이 어디 있을까. 번민은
욕심에서 태어난다. 다행히 우리에겐 욕심보다 강한 무기가 있
다. 보다 나은 내일을 갈망하는 마음이다. 소망이 욕심보다 약
해졌을 때 정도에서 벗어난다. 뿐만 아니라 정의라는 단어를
잊어버리게 된다. 인생의 목적은 전진이다. 오직 앞으로 나아
가고자 허기진 배의 소란을 무시한다. 저만치 언덕이 있고, 작
은 강물이 흐르고, 진창이 있고, 암벽이 가로막고 있다. 걸음을
옮기기에 부담이 없는 무른 흙길과 평탄한 시내와 아름다운 숲
만을 거닐려고 해서는 안 된다.

"너는 어쩜 그리도 단단할 수가 있지?"
숯이 다이아몬드에게 물었다.
"우리는 가까운 동족이잖아.
그런데 너와 나의 운명이 이토록 달라져야 한다니."

- '짜라투스투라는 이렇게 말했다'

오늘은 항상 최악이다. 그런데 내일은
오늘보다 더 나쁠지도 모른다. 그것을 알면서도 내일을 준비해
야만 한다. 그것이 인생이라는 나그네의 길임을 알고 있기 때
문이다. 지상에는 육신을 편히 쉬게 해줄 수 있는 안식의 땅이
없다. 평안과 안식과 행복과 족함은 나에게서 삶의 의지를 빼
앗는 적이다. 사는 데 부족함이 없다는 고백은 나의 삶이 누군
가로부터 사육되고 있다는 고백일 수도 있다는 것을 주의해야
한다. 보이지 않는 덫과 울타리에 갇혀 안전한 일상을 누리는
동안 수많은 기회와 가능성들이 내 곁에서 사라지는 것이다.

삶의 순간들은 머나먼 항구로 떠난 배가 바다에서 맞닥뜨린 풍파를 닮았다. 풍파 없이 배가 목적지에 닿는 법은 없다. 그러므로 시련은 전진하려는 자의 벗이다. 절망에서 기쁨을 만나게 되는 것이다. 파도가 치지 않는 바다처럼 지루한 것이 또 있을까. 절망이 더해질수록 가슴은 두근거린다. 역사에 등장하는 성공한 사람들이 걸어온 길의 출발은 고통의 입구였다. 그들은 자기희생의 강요를 통해 완성되었다. 자기를 희생할 줄 아는 사람만이 훗날 목적지에 도착하는 특권을 누렸다.

나를 가로막던 해변이 눈앞에서 사라졌다.
마지막 사슬도 나를 놓아주었다.
영원한 세계가 나의 주위에서 울부짖고,
공간과 시간은 더 이상 나를 위협하지 못한다.
그러니 두려워말고 일어나라!
늙은 마음이여!

- '짜라투스트라는 이렇게 말했다'

우리의 판단이 오류일지라도 상관없다.
보다 분명하게, 노골적으로, 근본을 파헤쳐 말한다면
인생은 '가능하다'라는 대답을 원치 않는다.
우리는 벌써 오래 전에 판단에 대해 말할 권리를 상실했다.
우리의 입으로 오류를 따지는 것 자체가 잘못된 판단이다.
우리는 그저 어떤 판결을 받게 되더라도 나아갈 뿐이다.

- '선악을 넘어서'

      가진 자는 더 많은 것을 가지려고 탐욕에 길들여지고, 이름을 얻은 자는 그 이름 앞에 굴복하는 이름들을 늘리려고 무고한 이름들의 희생을 계획하게 된다. 가진 자는 빼앗김을 두려워하고, 이름을 얻은 자는 기억되지 못함을 두려워하며 살아간다. 가진 자의 관심은 가진 것들을 향하고, 이름을 얻은 자의 관심은 그의 이름에만 갇혀버리게 되는 것이다. 그런 인생은 비워진 항아리와 같아서 겉으로 보기에는 속이 어두워 그 안에 무엇이 들어 있는지 기대가 되지만 막상 손을 뻗어 밑바닥을 더듬거려보면 차가운 옹기그릇에 손가락이 시릴 뿐이다.

나는 '나'에 대해 이야기하고 싶다.
그래서 먼저 '나' 자신에 대해 알아볼 것이다.

- '선악을 넘어서'

산에 오르고 싶다면 남을 따라가서도 안 되고, 자기 능력을 무시한 채 무리해서도 안 된다. 정상을 바라보며 한눈팔지 말고 묵묵히 걸음을 옮겨야 하는 것이다. 너무나 평범한 방법이지만 이것이 산을 무사히 정복하는 최고의 방법이다. 산다는 것 자체가 거대한 산인지도 모른다. 그 산이 평지가 되기 전에 최선을 다해 올라가야 하는 의무가 버겁더라도 시도하는 자는 바라만 보는 자와 달리 언젠가는 인생의 풍성함을 맛보게 될 것이다. 내 안에 깃든 수없는 재능과 노력과 열정에 탄복하며 자신이 곧 세상의 전부였음을 깨닫게 되는 것이다.

나는 부정할 것이다.

아니, 부정하지 않을 수 없다.

왜냐하면 나의 내부에 내가 모르는 무엇인가가 살아 움직이고 있으며,

스스로를 긍정하려는 몸부림에 괴로워하고 있기 때문이다.

이제껏 내가 몰랐던,

그게 아니라면 미처 발견하지 못했던 무엇인가가

나의 내부에서 꿈틀거리고 있는 모양이다.

- '즐거운 지식'

눈물을 쏟아내지 않고는 이 어둔 골짜기에서 길을 찾지 못한다. 마음이 추악한 이기심에 병들어 절망을 토해내지 않는 한, 하나뿐인 내 영혼은 빛을 찾아내지 못한다. 슬픔과 괴로움 속에서 기쁨을 찾지 못한 청춘은 인생의 지혜에 닻을 내리지 못하고 삶이라는 바다 위를 언제까지나 외로이 떠돌게 될 것이다. 고뇌의 기쁨을 맛보지 못한 청춘은 청춘이 아니다. 살아 있어도 살아 있는 게 아니다. 우리에게 필요한 절망은 능동적인 절망이다. 욕망은 가장 순수한 의지다.

리투아니아 속담에 과거를 그리워하는 까닭은 과거라는 시간 속에 '자기'가 있었기 때문이라는 말이 있다. 이미 지나온 길을 더듬는 것은 후회만큼이나 무의미하다. 지금 열중하고 있는 그 길에서 즐기는 것이 가장 중요하다. 현재의 나를 만족시켜주는 그 일이 내가 찾던 일이며, 내게 필요한 일이며, 나아가서는 나라는 사람 그 자체이기 때문이다. 인생은 이정표가 없는 여행을 닮았다. 나와 같은 길을 걸어가는 친구는 세상에 오직 나 한 사람뿐이다. 그 길에서 나를 만나지 못한다면 내 곁에는 결국 아무도 남지 않는다.

나에게 길을 묻는 자들에게 나는 이렇게 대답해주었다.
"이것은 나의 길이다. 그대들의 길은 어디 있는가?"
나는 그들에게 길을 가르쳐주지 않았다.
왜냐하면 처음부터 길은 존재한 적이 없기 때문이다.

- '짜라투스트라는 이렇게 말했다'

죽음을 피하고 싶다면 생명만큼 값진 것을 바쳐야 한다.
이 목적을 달성하기 위해 생명이 지속되는 한,
나는 수없는 죽음을 감내할 것이다.

- '이 사람을 보라'

모든 인생에는 목표가 있어야 한다. 그
런데 목표를 향한 발걸음보다 목표를 정하기까지의 갈등이 사
람을 지치고 절망하게 만든다. 이것이다. 라는 확신은 다음 순
간 절망이 되고, 깨달았다고 생각했을 때 내게는 더 이상 참고
기다릴만한 여유가 없음에 또 절망한다. 그런 사람들이 모르고
있는 진실이 한 가지 있다. 목표는 찾아야 될 존재가 아니라는
것이다. 목표는 스스로 창조해야 될 발명품이다. 목표가 없는
수고는 방황에 불과하다. 목표를 이룬 자들이 거둔 승리와 성
공이 내가 찾는 해답이 될 수는 없다.

인생의 진리를 정하는 기준이 '나'라는 것을 손에 넣지 못했다.

결정하는 권한은 내게 있었다.

마치 내 안의 의지가 가파른 비탈길에 촛불을 켜놓는 것처럼.

그것은 어디까지나 나의 자유였다.

나의 의지는 비탈길에 촛불을 켜놓았다.

비탈길, 이것이 내가 선택한 진리다.

- '이 사람을 보라'

우리가 살고 있는 세상을 돌아보면 하지 말아야 될 것들과 반드시 해야 될 것들로 가득하다는 걸 알게 된다. 자유마저도 의무가 된 세상을 살아가고 있다. 개성이라는 그럴듯한 말로 포장되었지만, 진실은 유행의 숱한 변화를 따라가다가 나를 잃어버렸다는 점이다. 오늘의 유행이 내일은 또 다른 유행으로 바뀐다. 나한테 그 유행이 어울리는지를 생각할 여유는 없다. 유행을 좇다 보면 마치 그 변화가 내 안에서 일어난 것처럼 착각하게 된다. 이쯤 되면 잠식이라고 불러도 무방하다. 변화마저도 강요받는 세상을 살아가고 있는 것이다.

격렬한 호기심이 나를 나의 자리로 되돌려놓는다.

- '선악을 넘어서'

소크라테스는 죽음이 눈앞에 닥친 그때에 '너 자신을 알라'고 말했다. 그는 여기가 어디냐고 묻지 않았다. 내가 왜 감옥에서 죽어야 되느냐고 불평하지도 않았다. 단지 '너 자신을 알라'고 말했다. 옆에 있던 제자들이 아닌, 소크라테스 본인에게 들려주고 싶었던 해답이었다. 사람들 속에서 뭔가를 해내고 싶다고 소망하기 전에 스스로를 돌아봐야 한다. 세상 앞에서 당당해지기 위해 인생을 담보로 성공을 갈망해서는 안 된다. 오직 자기 자신을 위해, 오직 나 한 사람을 위해 살아가는 것뿐이다.

우리가 스스로 자신의 권리를 의심하게 되었을 때,
나아가 그 권리를 보다
나약하고 가벼운 것으로 바꾸려 시도했을 때
우리는 병에 걸린다.

- '이 사람을 보라'

나를 어떻게 생각하느냐에 따라 인생
의 방향이 달라진다. 인생을 계획하기 전에 우선 나에 대한 철
학과 신념이 완성되어야 한다. 나에 대한 정리가 마무리되었을
때 세상을 바라보는 시선도 자연스레 정해진다. 물질적인 성공
을 바란다면 자신을 물질의 일부로 바라봤다는 뜻이다. 자신에
게 원했던 것처럼 세상에게도 물질적인 성공과 부요함을 요구
하게 될 것이며, 그런 인생은 물질로서의 한계에 도달하고 만
다. 그렇게 채워 넣은 세월들이 물질로서의 가치를 잃게 되었
을 때 그 빈 자리를 채우는 것은 회한과 실망이다.

그대들 젊은 영혼 속에 미래를 건설하라. 아류라는 미신을 배척하라.

그대들이 미래의 삶을 지향함에 있어

무엇이 필요한지를 스스로 알게 될 것이다.

그 대신 역사를 향해 아무것도 묻지 마라.

반대로 역사에게 그대를 드러내라.

그리고 약속된 시간이 도래할 때까지 조용히 성숙하라.

그대들을 지배하고 착취하기 위해 성숙시키지 않는 것이

유리하다고 생각하는 저 현대교육이 완전히 마비될 때까지 기다려라.

미래에 그대들의 전기는 통속소설 같은 유치한 제목이 아니라

시대를 거스른 투사로 그려질 것이다.

- '반시대적 고찰'

청춘은 절망에서 태어난다. 그러나 청춘이 들려주는 절망은 끝이 아니다. 하나의 몰락을 통해 새로운 가치가 잉태하고 태어나는 위대한 절망이다. 새로운 '나'로 태어나기 위해 현존하는 '나'의 청춘이 희생되는 것이다. 그렇기 때문에 청춘의 절망은 궁극의 희망이다. 고통은 소멸해야만 끝나는 아픔이 아니다. 그 아픔 끝에서 새 생명이 탄생하고, 새로운 시대가 열리고, 새로운 가치관이 성립된다. 거칠고 때로는 표독스럽기까지 한 날카로운 의심들이 생애의 마지막 순간까지 살아남아 내 안에서 약동하는 것이다.

우리가 갑자기 어떤 사항에 관한 질문을 받게 될 경우,
제일 먼저 떠오르는 생각은 우리 자신의 의견이 아니다.
우리를 짓누르는 계급과 지위와 태생에
따라다니는 상투어에 지나지 않는다.
나의 의견은 결코 표면으로 떠오르는 법이 없다.

- '인간적인 너무나 인간적인'

우리는 백사장의 모래 한 알갱이가 아니다. 하늘에 떠 있는 수많은 별빛들 중 하나다. 나보다 더 빛나는 별도 있다. 나보다 더 큰 별도 있다. 그 척도는 지구와 별의 거리에 불과하다. 지금 당장은 나보다 그 별이 지구와의 거리가 좀 더 가깝다는 이유로 나보다 좀 더 밝게 빛나고 있을 뿐이다. 단지 각자가 처한 환경 때문에 더 크고, 더 빛나게 보이는 것뿐이다. 인생도 마찬가지여서 성공과 실패를 척도로 삼아서는 안 된다. 그것은 나에 대한 긍지가 별빛에서 백사장으로 추락하는 변명거리에 불과할 따름이므로.

52

삶에도 영양제가 있다. 좋은 학벌, 부
유한 부모, 능력 있는 친구들이다. 사회라는 치열한 경쟁의 틈
바구니에서 유명 메이커 런닝화는 발바닥의 통증을 완화시켜
주고 무릎의 부담을 덜어줄지도 모른다. 그러나 여기까지다.
발바닥의 통증은 아프기는 해도 걸음을 멈추게 만들 정도는 아
니다. 좋은 학벌은 그간의 노력에 대한 격려는 될 수 있어도 미
래의 내 인생, 그 자체가 되어주지는 못한다. 시들어가는 이파
리를 살리는 것은 가능해도 식물 그 자체의 생존을 보장해주는
것은 값비싼 영양제가 아닌 흔해빠진 물 한 모금이다.

거세된 사회에서의 삶.
산에서, 또는 바다의 모험에서 살아 돌아온 야생의 인간은
이 거세된 사회에서 퇴화된 종자로 길들여지고,
결국 범죄자로 전락한다.
왜냐하면 이 야만인들은 인류가 의지하는 사회의 존속보다
훨씬 강력한 신념으로 자신의 삶을 증명해내는
범죄를 저질렀기 때문이다.

- '우상의 황혼'

자기의 정신에 새로운 혁명을 일으킨 자들은

어느 한 시기동안 저 끝없는 노예제도에 종속된 인도의 천민들처럼

어둔 숙명을 이마에 낙인처럼 붙이고 다녔다.

그들은 스스로 저 무거운 숙명을 이마에 새긴 채 거리를 활보했다.

자신을 노예로 전락시키기 위해서가 아니었다.

그들의 혁명을 가로막는 일반인들의 상식으로부터

간격을 유지하기 위해서였다.

- '우상의 황혼'

사회는 문명의 일부에 불과하다. 사회
는 국가라는 정복자의 강압에 의해 언어와 삶과 문화를 강요한
다. 이런 특수성 앞에서 개인이라는 존재는 너무나 미약하다.
모두가 같은 생각을 해야 하고, 같은 목표를 꿈꾸고, 같은 길에
서 싸워나가야 하는 사람들로 사회는 북적거린다. 이것은 일종
의 폭력이다. 사회는 존재 자체로 개인에게 폭력적일 수밖에
없다. 그 거대한 힘에 굴복할 것인지, 아니면 맞서 싸우다가 도
태될 것인지, 혹은 그 거대한 힘을 만들어내는 자가 될 것인지
는 각자의 판단과 노력에 달려 있다.

2. 일과 가치관

그대는 그대를 위해 마련된 위대한 길을 걷는다.

지난날 그대를 붙들었던 가장 큰 모험은

이제 그대의 마지막 피난처가 되었다.

그대의 등 뒤에 길은 없다.

이제 선택할 수 있는 답안지는 오직 앞으로 걷는 것뿐이다.

이 길은 그대를 제외하곤 누구도 걸어가지 못한다.

그대의 발걸음이 그대가 걸어온 자취를 지우고 있기 때문이다.

그대가 처음 길을 떠났던 곳엔

'불가능'이라는 표지판만이 걸려 있다.

- '짜라투스트라는 이렇게 말했다'

사람들은 저마다 추구하는 인생의 결실을 향해 달려나간다. 완성된 제품으로 진열대에 올라 선택받기를 꿈꾸며 살아간다. 하지만 삶의 진정한 가치는 완성에 있지 않고, 결실에 있지도 않다. 목표로 삼은 곳에 도착하기도 전에 또 다른 목표가 세워지고, 조금씩 나의 자리가 옮겨지고 있음을 알면서도 욕심의 끈은 내려놓지 못한다. 비워지는 것은 패배이며, 포장되지 못하는 것은 실패라고 배웠기 때문이다. 이 길에서 믿을 수 있는 존재는 자기 자신뿐이다. 그래서 평생 동안 사귀어도 질리지 않는 나를 만드는 것은 최고의 도전이다.

비극은 근원적으로 합창이다.
혼자 부르는 노래는 슬프지 않다.

- '비극의 탄생'

　　　　　사람을 평가할 때 역사는 언제나 보이는 것만을 중
시해왔다. 이해한다는 말이 성립되기 위해서는 내가 먼저 나를 드러내야 하
는 조건이 필수적이다. 한 인간의 위대함은 정신이 아닌 그가 드러낸 행위에
의해 선언되곤 했다. 행위를 결정짓는 주체가 그의 본성과 생각이었음에도
역사는 언제나 눈에 보이는 표상만을 추구해왔다. 빛나는 인격은 외부에서
확인되는 나의 모습, 다시 말해 내가 갖춘 조건에 따라 결정되는 것은 아니
다. 그 자체로 발광(發光)이 불가능하다면 그 인생은 어느 한 순간도 진실하
게 빛났던 적이 없다는 말이 된다.

나에게 독서란 잠시 숨을 고르는 행위에 불과하다.

나를 내 안에서 해방시키는 것, 또는 타인의 학문이나 영혼 속에서

잠시 산책을 즐기는 것에 비유할 수 있다.

나는 이미 오래 전부터 독서를 진지하게 여기지 않고 있다.

오히려 독서를 나의 진지함 속에서 길들이고 있다.

일에 몰두하고 있을 때 내 곁에는 단 한 권의 책도 찾아볼 수 없다.

누군가 나의 곁에서 쓸데없이 나불거리거나,

혹은 생각하지 못하게끔

미리 차단해야 할 필요성이 있기 때문이다.

나 자신을 빨아들이는 행위야말로 진정한 독서라고 생각한다.

- '이 사람을 보라'

냄비로 죽을 끓여먹는다고 해서 약해진 위장이 호전될 리 없다. 오히려 구강에 음식물을 넣고 죽을 끓이듯 천천히 씹어 먹는 편이 훨씬 효과적이다. 약국에서 소화제를 구하는 것은 임시방편일 뿐, 언제까지나 그 효과를 기대할 수는 없다. 근본적으로는 나의 체내에서 소화효소가 만들어져야 한다. 독서도 마찬가지다. 타인의 생각과 신념과 지식을 머릿속에 가둬두는 것은 누구든지 할 수 있는 일이다. 그것을 가슴 속에서 나만의 생각, 신념, 지식으로 새롭게 생산해낼 수 있느냐가 독서의 성패를 결정짓는다.

나는 오직 피로 쓴 것만을 사랑한다.
낡아빠진 잉크 대신 펜 끝에 그대의 피를 적셔라.
그래야만 사람들은
이 피가 그대의 정신임을 알게 되리라.

- '짜라투스트라는 이렇게 말했다'

경쟁은 차별이라는 토대 위에서 이룩된다. 평등한 경쟁은 허울 좋은 눈가림일 뿐, 경쟁에 참여하기 위해서는 수많은 조건들을 만족시켜야 되는 어려움이 뒤따른다. 역사를 돌이켜보면 차별에 시달리던 환경을 딛고 자신의 꿈을 도모한 이들이 많다. 그들은 비록 불리한 환경을 타고났으나 이를 극복하고, 또한 그 고통을 망각하기 위해 정신의 길에 들어섰고, 그 결과 남들이 우러러보는 위대한 업적을 이룩하는 데 성공했다. 경쟁에 뒤쳐졌다고 생각된다면 당장의 처지를 비관할 게 아니라 승리를 눈앞에 둔 자들이 미처 바라보지 못하는 삶의 궁극적인 이치를 밝히는 데 자신의 인생을 걸어야 될 것이다.

재능 없이 미친 자들이 있다.
그들이 가장 위험하다.

- '반시대적 고찰'

습관이 재능으로 착각될 때
가 있다. 익숙함을 능력으로 과대평가하는 것이다.
어린 시절과 청소년기가 그토록 길게 느껴졌던 이유
는 항상 새로운 현실과 대면하고 지속적으로 정신에
자극이 가해졌기 때문이다. 그 시절에는 모든 것을
의심한다. 때로는 자기 존재마저도 의심한다. 그러
나 중년이 되고 나이가 한 살 더 늘어날 때마다 세월
이 너무 빠르다며 불평한다. 그 이유는 타성처럼 쌓
인 습관들, 익숙해진 노련함이 머리에 가득 채워졌
기 때문이다. 그리고 보지 못한 일, 할 수 없는 일에
대해서도 장담하게 되는 것이다.

자아와 자신의 직업을
한순간에 버릴 수 있는 용기를 갖추지 못한 자는
예술적으로도, 또 과학적으로도
일류에 이르지 못한다.

- '인간적인, 너무나 인간적인'

　　　　　　　　새로운 도전을 가능하게 만드는 힘은 용기다. 여전
히 좌절과 낙심에 머무는 사람들이 많다. 새로운 삶과 도전을 원하지만 그동
안 실패를 거듭해왔다는 데서 주저하고 두려워한다. 하지만 실패 덕분에 우
리는 결심이나 노력만으로 성공에 도달할 수는 없다는 것을 깨닫게 되었다.
용기 없이는 본성이 변하지 않고, 본성이 변하지 않고서는 결코 새로운 삶을
개척해나가지 못한다. 그러므로 진정 새 삶을 살아가기 원한다면 먼저 용기
를 갖춰야 하는 것이다.

나의 친구여,

그대들에게 충고하노니 타인을 심판하려는 자를 믿지 말라!

그들은 우리와 다른 혈통이며, 전혀 다른 종족이다.

그들의 얼굴은 사형집행인의 미소이며, 굶주린 사냥개다.

자신이 정의롭다고 떠들어대는 자들을 믿지 말라!

그들은 바리새인이 되기 위해

언젠가 우리에게 권력을 요구하게 될 것이다.

그들이 자신을 '선량하고 정의롭다'고 주장할 때

우리는 두려움을 느껴야 한다.

- '짜라투스트라는 이렇게 말했다'

인간의 개성은 복잡하고 섬세한 구조로 형성되어 있다. 그래서 어느 누구와도 쉽게 동화되지 않는다. 그로 인해 갈등이 빚어지고, 계급이 발생하며, 개인은 집단보다 우위에 설 수 없다는 논리가 정당성을 얻는다. 집단의 편의라는 작은 먼지 때문에 정교한 기계가 멈춰버리는 것이다. 일상을 지배하는 집단의 권위가 개성적인 지성의 분출을 완전히 가로막고 있다. 이런 상황에서 벗어나고 싶다면 먼저 익숙함에서 벗어나야 한다. 그렇지 않고서는 나의 요구에 반대되는 고통스런 현실에 억눌릴 수밖에 없다.

공포를 통해 우리는 가축이 되었고,

군중이 되었고,

인간이 되었고,

병든 짐승이 되었으며,

신의 노예가 되었다.

- '안티 크리스트'

　　　　　인간은 어떤 상황에도 순응하는 능력이 타고났다. 환경이 바뀌거나 처음 겪는 사건들 틈에 홀로 놓이더라도 그럭저럭 참아낼 수가 있다. 여러 가지 불편함이 있고, 낯선 이들과의 마찰을 감당해야 하는 어려움도 애써 무시할 수가 있다. 인간은 주어진 환경에 어떻게든 순종하며 살아가고 있다. 그리고 서서히 내면에서 불만과 욕구가 쌓이기 시작한다. 동시에 이를 억눌러야 한다는 초조함으로 인내와 공포를 분별하지 못하게 된다. 고통에 익숙해질수록 고통은 단지 여건에 불과하다는 거짓말로 자신의 비겁함을 속이는 것이다.

항의라든가, 의구심, 조롱을
습관처럼 반복하는 것은 건강하다는 증거다.
모든 것을 무조건적으로 받아들이는 습관이야말로
가장 치명적인 병이다.

- '선악을 넘어서'

현대인이 사회의 흐름을 좇
아가는 유일한 통로는 미디어다. 미디어가 제공하는
기사, 주장, 여론에 나의 생각과 의견을 맡겨버리는
데 익숙해졌다. 인터넷이 발달할수록 미디어의 영향
력과 크기는 점점 더 거대해진다. 그 앞에서 나의 의
견은 협소하고 부정확해 보인다. 그래서 나보다 더
큰 목소리에 귀를 기울이며 나의 생각과 감정을 감
추는 데 급급하다. 내 안에 타인의 음성이 들어 있다
면 그 목소리는 내 것이 아니다. 빼앗긴 목소리는 두
번 다시 회복되지 않는다.

국가는 우리의 요구를 들어주는 대신
우리에게 생산을 요구한다.
우리가 감당할 수 없을 정도로 많은 생산을 요구한다.
자신의 지위를 유지하려고
우리를 물어뜯고, 씹고, 삼키고, 다시 물어뜯는 것이다.
민중이 자기 자신을 상실하는 곳,
민중이 스스로 목숨을 끊는 곳,
민중이 삶이라고 착각하는 그곳을,
나는 국가라고 부른다.

- '짜라투스트라는 이렇게 말했다'

　개인의 삶은 집단을 이겨내지 못한다. 그런 의미에서 역사는 패배자의 기록인지도 모른다. 육체가 죽어 땅에 묻힌 모든 인간은 집단이 선사하는 재앙과 실패를 맛봤으며, 후세에까지 이름을 떨친 위인과 영웅은 자신의 상처를 집단에 제공하는 조건으로 살아남은 비겁한 자들일 수도 있다. 개인이 집단의 강요에 시달리는 이유는 그들의 욕망 때문이다. 나의 욕망이 아닌 다수의 욕망이 개인의 삶을 지배한다. 그것이 이 세계와 성공한 사람들의 진실이다. 집단은 개인을 위협하는 재앙이기 때문이다.

인간은 계급에 따라 할당된 이 부조리한 인간성을
극복해야 된다는 필요성을 절감했다.
만약 인간이 계급으로 차별받지 않았더라면
역사는 무의미해졌을 것이다.
평등은 인간을 나태하게 만들기 때문이다.
계급이라는 사회적 신분이
인간을 억압할수록 그들은 계급이 귀속할 수 없는
초월적인 의미들을 만들어내려고 노력했다.
그 결과 인간은 오늘날과 같이 향상된 존재가 될 수 있었다.

- '선악을 넘어서'

사람들에게 온정을 기대해서는 안 된다. 인간은 인간을 지배하고 싶어하는 본성이 있기 때문이다. 세상에 이처럼 문명이 전파되고 있으나 여전히 곳곳에 무지와 죄악으로 인한 갈등과 차별이 흔하게 발견되는 이유는 인간의 악한 본성이 우리의 등 뒤에서 채찍을 날리고 있기 때문이다. 각자의 재능을 뿌려보기도 전에 기회를 압수당하고, 저주받은 짐승을 쳐다보듯 온갖 패역한 욕설과 비난이 식물에 수분을 공급하듯 머리 위로 쏟아진다. 이런 난관을 만날 때마다 자기 안에 응축된 선함을 발견하는 것이 중요하다. 나에게 행해지는 불합리한 지적과 비굴한 야망, 저속한 질투를 용감하게 지적할 줄 알아야 되는 것이다.

무능한 자들은 제일 먼저 재물에 열광한다.

하지만 재물을 얻음으로써 그들은 오히려 가난해진다.

그래서 이번에는 권력을 탐낸다.

특히 권력의 쇠망치를 탐내게 된다.

- '짜라투스트라는 이렇게 말했다'

권력으로부터 동정을 구하고, 정치나 사회체계 같은 시스템에게서 위안을 구한다면 그때가 바로 재앙의 시작이 된다는 것을 한시도 잊어서는 안 된다. 우리가 굴복하는 날, 권력집단은 악마처럼 미소 지으며 우리의 등에 얹어진 작은 절망의 봇짐을 끌어내리고, 대신 절망과 마음의 질병과 추악한 탐욕과 야만스런 목소리와 뻔뻔한 얼굴을 선물하게 될 것이다. 그 선물을 받아들임으로써 권력의 노예가 된다. 경쟁에서 승리해 더 많은 권한을 움켜쥘수록 생존이 고통스러워지는 까닭은 권력의 본성은 가학에 있기 때문이다.

현대인은 세 가지 M에 시달리는 노예다.
Moment(순간), Meinungen(여론), Mode(유행)이
바로 그 주인공들이다.

- '반시대적 고찰'

　　　　　　　　　과거의 노예제는 무기와 권력에 정복당한 결과였다.
어쩔 수 없이 노예가 되어버린 것이다. 그들은 비록 노예가 되었지만 정신의
자유함까지 굴복 당하지는 않았다. 그러나 현대판 노예제는 스스로 노예의
옷을 입고 목에 굴욕의 끈을 휘감은 결과다. 무엇보다 놀라운 것은 현대판
노예제에서 인간은 노예라는 자각이 없다. 오히려 한 발 더 나아가 노예가
된 것을 자랑스럽게 여긴다. 이것은 당연한 일이다. 노예로서의 삶에 익숙해
지면 인간은 자신의 두 다리를 묶고 있는 사슬들을 자랑스러워하는 것이 본
성이기 때문이다.

기계문명을 살아가는 것은 극도의 긴장감이다. 삶을 짓누르는 수많은 기술과 지식의 끝에는 인생의 불안이 가득하다. 진보의 태생은 공공의 복리가 아닌 개인의 이익을 달성하는 데 있다. 이 사회가 진보를 이야기하고 있음에도 지금 이 순간 공공의 복리라는 허울 좋은 간판 아래 하루에도 수만 명이 착취당하고, 희생당하고, 세계 밖으로 쫓겨나고 있다. 공동의 목표로 제시된 발전이 언젠가는 이 고단한 삶으로부터 회복시켜주리라는 망상을 가슴에 품고 무고한 목숨들이 싸움터로 달려나가고 있다.

기계는 인간의 사고력이 만들어낸
최고의 부산물임에도
그것을 조작하는 인간은 바보로 만든다.

- '인간적인, 너무나 인간적인'

동물에 대한 우리의 태도를 통해 가치관의 성립과정을 깨닫는다.

그 동물이 유용하다든지,

혹은 유해하다는 결론이 내려지기 전까지는 완벽한 무관심이다.

이를테면 기분에 따라 죽일 때도 있고, 살려둘 때도 있고,

다리만 잘라내 풀밭에 다시 내려놓는 관용을 베풀 때도 있다.

만에 하나 그 동물이 우리에게 대항해온다면

멸종시키기 위한 연구를 시작한다.

반대로 그 동물이 우리에게 필요한 무언가를 제공한다면

착취하기 위한 연구를 시작한다.

- '인간적인, 너무나 인간적인'

다수의 배를 채우기 위해 조작된 상상을 희망이라 부르고, 착취된 지성을 교육이라 부르며 피상적 현상을 인생의 진리로 착각한 채 하루를 허비한다. 착취라는 범죄를 은폐하고 내가 가질 수 없는 창고를 가득 채우기 위해 선한 길에서 이탈하여 범죄의 흥분에 몸을 맡긴다. 더 많이 착취당하기 위해 최고 난위도의 고등교육기관을 졸업하고, 팔다리가 부러질 때까지 노동에 시달린다. 대체 인간은 왜 다수를 위해 개인으로서의 가치를 희생당해야 하는가. 왜 청춘은 모두를 위한 꿈을 강요당해야 하는가.

가축에 대한 책임감은
생명에 대한 책임감이 아니라
재산에 대한 책임감이다.
동물이 학살을 피해 가축이 되는 원리는
인간이 사회에 규칙을 들여온 과정과
완벽하게 일치한다.

- '인간적인, 너무나 인간적인'

　　　　　　　　　오늘날과 같은 사회 시스템에서는
하루살이 같은 목숨을 연명하기 위해 누군가를 하루살이로
전락시키는 전술이 요구된다. 나의 생명을 유지하기 위해서
는 나를 대신해 누군가의 생명을 제물로 바쳐야 되는 것이
다. 인간의 삶은 견뎌낼 수 있을 정도의 고통이 고작임에도
언젠가는 이 아픔이 내 안에서 영원히 사라지는 시대를 갈망
한다. 그 욕망은 책임감에서 비롯된 것이 아니다. 나를 나답
게 지켜내기 위한 인고는 오간 데 없이 변절한 권태가 나와
같은 고통으로 몸부림치는 이웃의 절망에 안도하는 비참한
현실이 남아 있을 뿐이다.

여론을 따르는 것은
인간이 스스로 자신의 눈과 귀를
가리는 행위에 다름없다.

- '반시대적 고찰'

여론은 스스로를 자유로운 정신의 소유자라고 말하는데 이는 거짓말이다. 여론이 하는 말을 믿어서는 안 된다. 여론은 항상 처음에는 찬사를 보낸다. 다음으로 무참히 헐뜯는다. 여론은 아무것도 생산해내지 못한다. 그럼에도 우리 머리 위에 군림하는 존재처럼 내려다보곤 한다. 여론의 가장 큰 문제점은 편파적이기는커녕 악의적이라는 데 있다. 진실은 개인의 기호에 달려 있다. 내가 읽고 싶은 책을 읽고, 내가 하고 싶은 말을 하는 것은 누구도 방해하고 참견할 수 없는 천부권이나 다름없다.

향상을 꿈꾼다면 가장 위험한 환경에
스스로를 방목시키면 된다.
인류는 인간성에 대한 잔인한 압제 속에서 진화를 거듭해왔다.
사람들은 아마도 모를 것이다.
냉혹과 폭력, 노예화, 노상에서의 강탈, 은둔,
온갖 유혹과 이단, 가공할 압제와 살인, 방화,
맹수와 뱀의 위협을 통해
자기 자신이 얼마나 발전해왔는지를 말이다.

- '선악을 넘어서'

그 옛날 시인들과 순교자들이 견디기 어려운 난관과 능욕과 비애를 극복하고, 자기 안의 의지를 사람들이 믿고 따르는 신앙의 절정으로 인도하고, 예술을 영혼의 영역으로 확장시킬 수 있었던 근본적인 원인은 자기 자신에 대한 믿음이었다. 이 순간 나를 무너뜨리려는 고통과 역경에 무릎 꿇고 내일의 시간을 구걸하지만 않는다면 먼 훗날, 혹은 죽음에 침잠당한 이후에도 나의 의지와 기대와 노력이 드러나고 인정받게 되리라는 불멸의 신뢰가 있었기에 가능한 일이었다.

어느 시대나 그렇듯이
오늘날에도 인간은 노예와 자유인으로 분리된다.
만약 하루의 삼분의 이에 해당하는 시간을
스스로에게 허락하지 못하는 인간이라면
그가 정치가이든, 상인이든, 혹은 관리나 학자이든
그저 노예일 뿐이다.

- '인간적인, 너무나 인간적인'

인생의 궁극적인 목표는 평범한 생활의 일상들 속에서 나의 가치관과 믿음이 확고하게 부합되는 일치를 경험하는 것이다. 이 경험은 곧 생명에 대한 자각이다. 타인의 개입, 또는 강요되는 의무에 잠식되기를 거부하고, 각자의 생명이 약동하는 순간들에 반응하는 기쁨을 알게 되었을 때 비로소 인간은 자신의 생을 주관하는 독립적인 인격체로 거듭나게 된다. 한 번뿐인 인생에서 절대다수의 시간을 자기 자신에게 소비하지 못한다는 것은 크나큰 슬픔이 아닐 수 없다.

부모는 자기도 모르는 사이에
자녀를 자신과 똑같은 인생으로 만들어버린다.
이를 가리켜 그들은 교육이라고 부른다.
어머니는 갓 태어난 아기를 독립된 인생으로 인정하지 않는다.
그녀는 이 갓난아기를 귀중한 보석처럼 여긴다.
마찬가지로 자신에게 아들을 가르칠 권리가 있는지,
이 어린 생명을 자신이 원하는 미래에 복종시킬 권리가 있는지
스스로 물어보는 아버지는 없다.

- '선악을 넘어서'

나의 작은 가슴 속에서 무엇이 자라나려 하는지 귀를 기울여야 한다. 눈을 감고 나 이외의 사람들이 두근거리는 심장 소리를 들어봐야 한다. 한밤중에 내리는 눈발에도 음성이 있다. 듣기를 원한다면 보이지 않아도 들린다. 듣지 않는 자는 말하지 못하고, 말하지 않으려는 자는 듣지 못한다. 내 안에 귀를 기울이는 것과 동시에 나 자신에게 말해줘야 한다. 내가 누구인지, 무엇을 하고 싶어하는지……. 배움이란 그 물음에 대한 답을 스스로 찾아내는 것이며, 가르침이란 그렇게 찾아낸 배움의 행복을 사랑하는 이에게 보여주는 것이다.

어떤 이는
자신의 위대함을 과시하고 싶은 욕심에
친구를 학대한다.
또 어떤 이는
자신의 가치를 높이기 위해
적의 가치를 과장한다.

- '인간적인, 너무나 인간적인'

　　　　　　　우리는 스스로를 속여가며 열정 대신 수익률을 계산
하고, 그러다 보니 원칙을 무시하게 되고, 나와 다름에 반대하게 되고, 손해
를 이유로 증오를 생산하기에 이르렀다. 무가치한 날들이 차곡차곡 쌓여 무
가치한 나를 만들어낸다. 두 번은 되풀이되지 않는 귀중한 날들이 사라지는
것이다. 희망은 어디에나 있지만 보려 하지 않는 자들에겐 절대로 보이지 않
는 것이 희망이기도 하다. 미움을 키워나갈수록 감정은 메마르고, 살아 있는
이웃이 아닌 물질과 명예에 사랑과 헌신을 나눠줌으로써 채워지지 않는 갈
망이 마비되어버린다.

내게는 고독이 필요하다.

회복과 나 자신으로의 복귀와 자유를 위한

산소가 필요하다.

- '이 사람을 보라'

고독은 모순이다. 그래서 고독을 정
신병으로 몰아가려는 주장도 있는데, 어떤 의미에서는 고독
만큼 궁극의 의지도 없다. 고독은 자기만의 확고한 의지가
완성된 사람에겐 별다른 영향을 미치지 못한다. 그러나 불신
과 불안을 향한 두려움, 즉 다수의 평범한 사람들이 고독에
감염될 경우 고독이 지닌 모순에 의해 극단의 붕괴를 겪게
될지도 모른다. 세상에는 객관적이고 독립된 의지를 온전히
보존하고 있는 사람보다 그렇지 못한 사람들이 다수를 차지
함으로써 고독은 치유해야 될 병이 되고 말았다.

위태로운 곳은 산봉우리가 아니라 비탈이다.
우리는 비탈에서 시선은 아래쪽으로 두고,
손은 위를 붙든다.
이 두 가지 상반되는 의지 때문에 우리의 심장은
현기증을 일으킨다.

- '짜라투스트라는 이렇게 말했다'

　　　　　　　지겹도록 반복되는 똑같은 날들, 그런 현실에 괴어 있던 내 안에서 어느 순간 엄청난 힘이 솟아올라 인생을 바꿔버린다. 전염병처럼 나의 일상, 나의 관계, 나의 미래를 바꿔버리는 것이다. 그 솟구침은 놀라운 폭발력으로 고착된 환경을 바꾸고 멈춰버린 꿈에 시동을 거는 동력으로 작용한다. 마음 밑바닥에 가득 찬 것들, 권태와 낙담, 실망에 자극 받아 폭발해버리고 싶은 거대한 자학이야말로 인간이 소유한 가장 큰 힘이다. 자만하지 않고 오직 더 높은 곳을 바라보며 손이 닿는 한, 팔을 뻗고 싶은 기분은 현기증을 닮았는지도 모른다.

너는 지금 앞으로 나아가고 있다.

그리고 아주 높이 올라왔다.

이에 대한 몇 가지 확실한 증거도 있다.

주위가 전보다 넓어졌고 전망도 훨씬 좋아졌다.

바람이 조금 차가워졌지만, 너의 가슴은 따뜻해졌다.

이제 너는 구걸과 쟁취를 혼동하는 어리석음에서 벗어났다.

너의 발걸음은 단단해졌고 분명해졌다.

용기가 너를 성장시켰다.

그리하여 앞으로 너는 더욱 고독해질 것이며,

이전보다 험난해진 길을 걷게 될 것이다.

- '인간적인, 너무나 인간적인'

경제는 언제나 위기였다. 젊음과 늙음을 떠나 소시민은 언제나 사회적 약자였다. 밝은 미래를 기대하는 것은 자유겠지만 자유를 꿈꾼 대가가 참혹할 수도 있음을 명심해야 한다. 인생의 자유는 '더불어' 가져서는 안 되는 '나만의' 것이 되어버렸다. 인생이 자유로워질수록 그곳에는 반목과 투쟁과 미움과 상처가 가득하다. 우리는 그런 곳에서 살아가고 있다. 하지만 이 고단한 길의 끝에는 분명 축복이 기다리고 있을 것이다. 오늘의 외로움은 내일의 환희로 바뀌게 될 것이다. 왜냐하면 잔혹한 세계는 우리에게 무엇과도 바꿀 수 없는 용기를 선물했기 때문이다.

어떤 인간은

산의 정상에 도착해서 산 아래만 쳐다본다.

- '선악을 넘어서'

때로는 내가 산이 되어 나를 막곤 한다. 때로는 내가 강이 되어 나의 걸음을 멈추게 한다. 눈앞의 산이, 다리가 놓이지 않은 강물이 나였다는 것을 알게 되었다면 더 이상 두려울 것이 없다. 마주한 산과 강물을 평지로 만들어버리는 일만 남았기 때문이다. 그 누구도 아닌 나 자신을 위해 나라는 산을 깎고, 나라는 강물을 거둬들여야 한다는 진실과 마주했기 때문이다. 정상에 오르려는 이유를 망각해서는 안 된다. 정상에 오르려는 이유는 그 너머에 도사리고 있는 하늘과 맞닿기 위해서였다.

3. 사랑

나를 하나의 운명으로 받아들이고
더 이상은 다른 것을 기다리지 않는다.

- '이 사람을 보라'

현대사회에서 개인은 고달프고 우울하다. 사회의 형태는 과거보다 물질적으로 풍요로워졌지만 사회구성원들의 삶은 시작부터 취업난이라든가, 환경의 격차로 불안에 시달려야 한다. 오늘은 그 어느 시대보다 경제적으로나 정신적으로 안정되지 못한 시기다. 청년들은 무엇인가를 준비하는 데 젊음을 다 소진해버린 채 숨 가쁘고 차가운 현실에 내동댕이쳐진다. 꿈은 현실이 되고, 현실은 좌절이 된다. 이 고된 삶 속에서 홀로 서 있기 위해 내가 나를 지탱해주고 사랑해주는 것 외엔 선택지가 없다.

사랑은 상대방을 죽임으로써

다가올 변심을 미리 막고 싶은 충동을 간신히 참아낸다.

왜냐하면 사랑은

파멸보다 변화를 더 무서워하기 때문이다.

- '인간적인, 너무나 인간적인'

　　　　　　　　　　관계에는 예행연습이 없다. 대부분의 만남은 상대방에 대
한 사전조사도 없이 급작스레 이루어지는 게 다반사다. 파도가 해변의 기분을 묻
지 않고 물보라를 일으키며 다가오듯 만남은 낯설고 불안한 나의 감정에 아랑곳없
이 흘러들어온다. 주변에는 만남의 상처로 고통스러워하는 사람들이 숱하게 많다.
부끄럽게도 이 상처에는 치료법이 없다. 관성의 법칙처럼 매일같이 반복되는 상처
들에 익숙해져 아픔을 아픔답게 느끼지 못하는 상태가 되었을 때 비로소 관계와
만남으로부터 자유로워졌다고 착각하게 되는 것뿐이다.

우리는 인생을 사랑한다.
그런데 우리가 인생을 사랑하게 된 이유는
삶을 영위하고 있어서가 아니다.
사랑이라는 행위에 길들어져버린 탓이다.

- '짜라투스트라는 이렇게 말했다'

사는 게 혼란스럽고 힘들게만 느껴
져 방황을 하게 된다. 그 과정에서 실수를 저지르고, 살면서
두 번 다시 저지르고 싶지 않은 잘못된 선택을 경험하기도
한다. 냉혹한 현실을 딛고 살아남고자 최선을 다했다. 그것
이 나를, 그리고 나의 인생을 사랑하는 방법이라고 믿었다.
하지만 어느 순간 인생의 매순간마다 쏟아내는 인내와 노력
이 너무나 힘들어 혼란을 겪게 된다. 타인이 보기에 그런 내
모습은 고통스런 상황에 무릎 꿇은 패배자처럼 비칠지도 모
른다. 그러나 혼란은 포기가 아닌 다시 부딪쳐 싸우기 위한
잠시의 숨 고름임을 잊어서는 안 된다.

내가 두 손으로 이 나무를 흔들어대도
나무는 움직이지 않는다.
하지만 눈에 보이지 않는 저 바람은
나무를 뿌리째 뽑아버릴 수도 있다.
나 또한 저 나무처럼 보이지 않는 힘에 의해
뽑혀지는 수가 있다.

- '짜라투스트라는 이렇게 말했다'

괴테는 말했다. '인간이 갈등하고 좌절하는 이유는 지금 최선을 다해 살아가고 있기 때문이다'라고. 살아가기 위해 노력하는 한 인생은 흔들린다. 비록 지금은 나약한 처지에 있을지라도 현재의 이 모습은 삶이라는 터전 위에 뿌리를 내리기 시작한 싹의 몸부림이다. 부끄럽게 여길 이유가 없다. 패배자가 된 것처럼 좌절하고 움츠러들 필요가 없다. 인생의 주인공은 나 자신이다. 거침없이 앞으로 나아가다가 넘어지는 것은 실패가 아니다. 넘어지는 것이 두려워 그 자리를 맴도는 비겁함이야말로 패배의 아픔이다.

자신이 얼마나 오랫동안
이용당해왔는지를 깨달은 자는 이에 대한 저항으로
가장 추악한 현실까지 사랑하려 든다.
인류의 역사를 돌이켜보건대 선량한 구애자들은
언제나 추악한 현실의 노리개로 이용당해왔다.
선량한 자들은 너무나 쉽게,
당연하게 거짓말을 믿어왔기 때문이다.

- '인간적인, 너무나 인간적인'

자신의 눈으로 세상을 바라봐야 한다. 타인의 눈에 비치는 자기 모습과 이미지를 실제와 혼돈해서는 안 된다. 세상은 거대한 이미지다. 그처럼 보이는 이미지에 몰두하다 보면 자기 안의 감정을 돌아볼 여유를 잃어버린다. 이런 사람들은 곧이어 타인의 생각과 입장에도 공감하지 못하는 병에 걸린다. 나르시스트가 되는 것이다. 세상이라는 수면 위에 떠오른 거짓된 자기 모습에 도취되어 스스로를 속이는 데 집중한다. 사람들이 나를 바라봐주기를 고대한다. 갓난아기처럼 누군가의 관심에 기대어 살아가는 미숙아로 퇴화되는 것이다.

생리학자는 자기 보존의 충동이야말로
생물의 가장 근본적인 충동이라고 주장하지만,
생물은 보존보다는 과시를 선택하는 데 주저함이 없다.
생명이란 힘이 자기를 드러내는 유일한 의지이기 때문이다.

- '선악을 넘어서'

　　　　　　　　내 힘으로 어찌할 수 없는 박탈감과 무력감, 불안 등에 대
처하는 최선의 방법은 아무것도 아닌 듯 웃어넘기는 대범함이다. 모든 불합리함과
기성사회의 잘못된 유산에 비웃어주는 당돌함이 필요하다. 반복되는 착취와 차별,
불이익을 견뎌내기 위해서는 나만의 방어장치가 필요하다. 살아 있음에의 기쁨이
다. 어떤 상황에서도 나는 살아 있다. 제아무리 괴롭고 수치스럽고 두려운 현실과
마주하더라도 그것들이 나의 생명까지 앗아가지는 못한다. 나는 살아 있고, 내 힘
으로 움직일 수 있으며, 내 뜻대로 이 고통들을 비웃어줄 수 있는 것이다.

순간에 대한 탐닉은 쾌락이다. 더 많은 돈을 구하고, 더 많은 친구를 구하는 이유는 순간을 즐기기 위해서다. 세상이 불안해지고 미래가 불확실해질수록 인간은 현재의 쾌락에 몰두한다. 주위의 모든 것들이 급변하고 있다. 과거는 금방 쓸모없는 것으로 전락해버린다. 이를 보고 두려움에 사로잡힌 인생들은 우정을 구입하고, 신분을 구입하고, 사랑을 매매함으로써 현재라는 구조의 일부가 되려는 강박에 시달린다. 하지만 인간은 기술의 속도를 따라잡지 못한다. 그 상실감에 사람들은 미래를 계획하는 대신 현재에 굴복하고 마는 것이다.

오, 나의 형제들이여.

내가 너희를 사랑하는 까닭은 너희들이 하나의 과도기이며,

몰락이라는 사실을 잘 알고 있기 때문이다.

그대들이 모멸하고 있는 것, 그것이 내게는 희망이다.

악덕한 모멸 속에서 위대한 경외가 태어남을 나는 알고 있다.

그대들을 절망케 만드는 그것,

그 절망 속에 마지막 희망이 숨겨져 있다.

왜냐하면 그대들은 아직 굴종을 배우지 않았기 때문이다.

이 교활한 인습을 습득하지 않았기 때문이다.

- '짜라투스트라는 이렇게 말했다'

　　　　　　의도한 바와 달리 일이 자꾸만 꼬여
갈 때, 최선을 다해 노력했음에도 결과가 좋지 못해 좌절하
게 되었을 때, 선택의 기로에서 혼란에 빠져 방황할 때, 내 친
구가, 혹은 내가 사랑하는 사람들이 나를 찾아와 허심탄회하
게 고민을 털어놓고, 현명한 조언을 기대해준다면 그것은 더
할 나위 없는 행복이다. 멘토를 갈망하는 시대가 되었다. 곳
곳에서 멘토의 이름들이 나열된다. 그들의 목소리에 귀를 기
울이고 답을 발견하려 애쓴다. 그러나 정작 자기 자신이 소
중한 사람들에게 멘토가 되어주려는 헌신은 보이지 않는다.

침묵은 상대방을 배려하지 않는다.
그러므로 침묵은 가장 잔인한 위선이다.
침묵은 자신의 불평을 삼켜버림으로써
상대방의 가치를 훼손한다.
오히려 예의에서 벗어난 따끔한 충고나 불평이
인간적이고 솔직한 미덕이다.

- '이 사람을 보라'

세상은 이해되지 않는 상식들과 믿지 못할 사람들로 가득하다. 서로 속고 속이며, 돈 때문에 살인을 저지르고, 미디어는 세계 곳곳에서 벌어진 전쟁과 테러를 이야기한다. 가진 자들은 보다 많은 부를 쟁취하기 위해 경제를 흔들어 우리를 불안하게 만든다. 소용 가치가 사라지면 언제든 폐기처분이 가능하다는 잔인한 관념이 정설처럼 굳어지고 있다. 이 비정한 세계에서는 이익에 따라 적과 친구가 수시로 바뀐다. 긴장의 끈을 놓쳐서는 안 될 피곤한 관계들이 도처에 함정처럼 내 가녀린 발목을 노려보고 있는 것이다.

아주 조그만 상처에서 피가 흐르는 것처럼
작은 고통을 치유하지 못하고 죽어버리는 사람이 있는가 하면,
무시무시한 삶의 재난이나
자신의 악덕이 빚어낸 행위에
일말의 가책도 느끼지 않은 덕분에
늘 건강한 육체와 평온한 정신을 소유하게 된 사람도 있다.

- '반시대적 고찰'

아버지는 아들을 통해 자신을 더 많이 이해하게 된다.

- '즐거운 지식'

　　　　　　　　　세상에 태어나 가장 잘한 일이 있다면 아버지가 되었다는
것이다. 요즘 들어 아이를 낳지 않으려는 젊은이들이 늘어나는 것을 보면서 슬픈
생각이 든다. 나에게 모든 것을 의지하는 작은 생명을 품에 안고 키워내는 일은 인
생에 다시 찾아오지 않을 행복인 동시에 지옥과도 같은 증오와 고통의 시절이다.
생명은 축복과 저주를 동시에 요구한다. 이 작은 생명을 통해 인간의 본성을, 즉
나의 운명에 드리워진 진실을 발견하게 되는 것이다. 삶은 유한하며, 영혼은 나약
하지만 인간이기 때문에 쉬지 않고 성장한다. 아버지가 되어서도 성장한다.

진실한 사랑이란,
영혼이 육체의 결점을 감싸주는 것으로 증명된다.

- '선악을 넘어서'

이상형이란 자기 마음속에 감춰진 욕망이 투영된 착각이다. 자기가 갖지 못한, 그래서 갈망하게 되는 어떤 모습을 상대에게 강요하는 폭력이다. 이상형과의 사랑을 통해 나에게 없는 어떤 부분을 메워주고 싶은 것이다. 하지만 사랑은 공상이 아니다. 내게 없는 것을 상대방으로부터 갈취하는 것이 아니라 그에게 없는 것을 내가 채워줘야만 완성되는 것이 사랑이다. 만남과 헤어짐을 반복하면서 깨닫게 된다. 인간은 모두 상처받은 영혼이며, 내가 온전하지 못한 사람이듯이 내가 사랑하는 상대 또한 결코 완벽할 수 없음을.

남자는 두 가지 욕구를 가지고 있다.
그것은 모험과 기쁨이다.
그래서 남자는 가장 위험한 전리품인 여자를 원하게 되었다.

- '짜라투스트라는 이렇게 말했다'

사랑도 배움이다. 경험을 통해 사랑
하는 법을 배우고, 욕망으로부터 상대를 보호하고, 사랑을
지켜내는 법을 배운다. 사랑에 능통해진다고 해서 행복해진
다고는 말할 수 없다. 사랑이란 아주 조금씩 상대를 알아가
고, 상대를 알아가는 과정을 통해 내가 몰랐던 나의 진짜 모
습을 발견해내는 수확의 기쁨이다. 평생을 함께 한다고 해서
그의 모든 것을 알게 되지는 않는다. 사랑이라는 감정은 우
리가 서로 다르지만 공통점이 있고, 그래서 각자의 상처를
보듬어주며 치유해나갈 수 있다는 희망을 이야기해준다. 모
든 병이 그러하듯 사랑이라는 치료과정도 아플 수밖에 없는
것은 감수해야 하는 대가인지도 모른다.

자신에 대한 사랑에서 비롯되지 않은 위대함을
나는 인정하지 않는다.
자신을 꾸미는 연극에 구역질이 날 뿐이다.

- '서광'

혼자 여행을 떠나게 되면 알게 된다. 여행을 떠나기 전 기대했던 것만큼 낯선 세상과 여행지는 그리 감동적이지 않다는 것을. 그보다는 무사히 여행을 마칠 수 있을까, 라는 불안감이 여행하는 내내 자신을 괴롭힌다는 사실에 실망하고 만다. 이 즐겁지 않은 여행의 가장 충실한 동반자는 나에 대한 믿음이다. 나에 대한 믿음은 나를 향한 사랑에서 비롯된다. 혼자만의 시간 속에서 우리는 완성되는 존재로 나아간다. 세상에는 자기 자신과의 관계 맺기에 실패한 사람들이 많다. 세상 모든 사람과 좋은 사이가 되었더라도 정작 나 자신과의 사이에 어긋남이 드리워져 있다면 그 자체로 인생은 불행이다.

보다 높은 인간이란
인류가 걷는 보편적인 길에서 벗어난 자,
즉 초인을 말한다.
인간은 위대해짐과 동시에
두려운 존재로 자라나야 한다.

- '권력에의 의지'

미래를 생각하면 그저 암담할 뿐이다. 어느 사이엔가 인간의 마음속에서 반항이 사라져버렸다. 묵묵히 부모와 세상이 시키는 대로 길을 걸어갔다. 그 길에서 내면은 공허해졌고, 공허해진 내면은 더 이상 바깥에 관심을 두지 않게 되었다. 살아가는 데 흥미를 잃어버린 것이다. 성장이란 이별이다. 부모와의 이별, 보호로부터의 이별, 무엇보다도 이 뻔한 삶의 테두리에서 떨어져나가야 한다. 결과에 대한 책임을 내 몫으로 받아들일 수 있는 인생을 살아가야 한다. 이 세상에 전적으로 의지할 수 있는 존재는 없다.

남자는 그녀를 사랑하지만
다른 남자에게 빼앗기거나,
면사포를 걸친 그녀를 상상하거나,
그물 밖에서 그녀를 찾는 게 고작이다.

- '짜라투스트라는 이렇게 말했다'

결혼이라는 관문 앞에서 머뭇거린다. 온갖 부정적인 상념들이 머릿속을 스쳐지나간다. 타인과 가정을 이루고 살아가는 것은 쉬운 일이 아니다. 열정은 금방 식어버리고 실망과 후회가 가슴을 친다. 생활에 찌들어 나를 잃게 되는 건 아닌가 두려움이 밀려온다. 인생에는 늘 한계라는 것이 따라다닌다. 그리고 결혼은 분명 힘들고 괴로운 모습이 많지만 이 한계를 극복하는 수단이기도 하다. 강제적인 책임감과 의무가 자기 안에서 새로운 의지와 용기의 발단이 되는 것이다. 행복해서 행복한 사람은 없다. 행복해지기 위해 버둥거리다 보면 우연히 행복을 찾게 되는 것이다.

결혼은 하나의 완성된 세계를 창조하고 싶은
두 사람의 의지이다.
결혼이 만들어낸 완성된 세계에서
그것을 만드는 데 필요했던 두 개의 의지는 서로 충돌한다.
의지를 함께 공유하는 자로서 상호간에 경의를 표하는 것,
나는 이것이 결혼이라고 생각한다.

- '짜라투스트라는 이렇게 말했다'

눈에 보이는 모든 것은 표현이다. 모든 사랑은 하나의 현상이며, 언어인 동시에 채색된 문자라고 할 수 있다. 오늘날 자연과학이 고도로 발달했음에도 불구하고 우리는 바라보는 훈련이 제대로 되어 있지 않아서 사랑을 함에 있어 힘겨운 싸움을 계속하고 있다. 다른 시대, 어쩌면 기술과 공업으로 지구를 정복하기 이전의 시대에 사람들은 사랑의 표정을 느끼고 이해했으며, 우리보다 더 단순하고 순수하게 사랑할 수 있었을 것이다. 사랑은 이성적인 이해가 아니다. 사랑에 이해가 필요하다고 느끼는 것은 양심의 가책과도 비슷하다.

사람은 만나면 반드시 실망한다. 실망과 상처라는 쓰라림에는 익숙해질 수가 없다. 몇 번을 되풀이 말하더라도 사람에게 받는 상처는 고통스럽다. 그래도 우리는 포기하지 않고 죽을 때까지 누군가를 사랑하려고 시도한다. 그게 바로 인간이다. 사랑하는 사람에게 아픔을 당한 적이 없는 사람은 사랑하는 사람에게 아픔을 당해본 다른 이들에게 부드러운 손길을 내밀지 못한다. 아픔을 겪어보지 못한 사람은 타인의 아픔을 이해하지 못하기 때문이다.

남자를 사랑하기 위해서는
도수가 약간 높은 안경을 미리 써두는 편이 좋다.
만약 20년 후의 그를 미리 예상할 수 있는 여성이라면
아마도 일생을 평온하게 지낼 수 있을 것이다.

- '인간적인, 너무나 인간적인'

과거에 비해 현대인은 특이함을 두
려워한다. 타인에게 인정받지 못하는 것을 비통하게 여긴다.
자기 안에 드리워진 욕망들을 진지하게 대하려고 하지 않는
다. 그래서 정신의 성숙과 발전에 이르는 가장 단순한 방법
들을 신봉하게 되었다. 대학에서 가르쳐주지 않는 것들에 대
해서는 알려고 하지 않는다. 삶의 경이로운 찰나들에 열광
하는 대신 계산과 측정에 안도하고, 매혹당하는 떨림 대신에
냉정한 관찰을 연습하게 되었다. 전체를 바라보지 않고 전체
에서 떨어져나간 개별적인 것에 집착함으로써 작아진 자기
모습에 면죄부를 주려는 것이다.

사람들은 위대한 정신의 특성으로 신념을 기대했지만,
실상은 회의, 비도덕성, 공인된 신앙처럼
포기할 수 있는 것들이야말로 위대한 정신의 속성이었다.
시저, 프리드리히 대왕, 나폴레옹. 호머, 아리스토파네스,
레오나르도 다빈치, 괴테가 그랬던 것처럼 말이다.

- '권력에의 의지'

146

그 어느 것으로도 만족을 느낄 수 없는 인간,
지칠 줄 모르는 욕망을 소유한 인간,
영원한 미래를 꿈꾸는 인간,
자신의 투지 때문에 안식을 찾지 못하고,
그로 인해 현재의 육체를 파멸로 이끄는 인간…….
이 용감하고 풍요로운 동물은 자신의 용기와 풍요로움 때문에
지상의 동물들 가운데 가장 무거운 머리와
괴로운 심장을 갖고 태어나는 숙명에 처해졌다.

- '도덕의 계보'

날마다 세상의 충만함이 우리 곁을 스치며 지나간다. 매일 꽃들이 피어나고, 햇살이 내리쬐며, 기쁨이 미소 짓는다. 때로는 감사에 겨워 눈물이 나고, 괴로운 추억들을 잊기 위해 술을 찾기도 하며, 반복되는 일상에 지쳐 피곤으로 쓰러지기도 한다. 나 자신에 대해서마저도 알고 싶은 것들이 없다고 생각될 때도 있다. 하지만 우리는 언제나 아름다운 것들에 둘러싸여 살아간다. 인생은 어디서나 아름답기도 하고, 또 어디서도 아름답지 않은 것이기도 하다. 그 신비로움을 머리와 심장만으로 이해할 수는 없는 노릇이다.

인생에서 최고의 기쁨을 수확하는 비결.

그것은 삶에 주어진 천부적인 고통에 스스로를 노출시키는 것이다.

그대의 도시를 베수비오 화산의 산허리에 건설하라.

그대를 태운 배를 아무도 알지 못하는 바다 한가운데에 띄워라.

지배와 소유를 꿈꾼다면 약탈과 정복을 인정하라.

겁먹은 사슴처럼 숲속에 숨어 만족하던 시대는 머잖아 사라진다.

- '즐거운 지식'

괴테가 쓴 시 가운데 '나는 이곳에 감탄하기 위해 태어났노라!'는 구절이 있다. 우리는 감동하고 감동을 일으키기 위해 지상에 태어난 생명들이다. 지금 걷고 있는 길은 헛된 길이 아니다. 나의 존재와 매일처럼 떠오르는 내 안의 계시들에 마음을 열게 된다면 인간의 탐욕으로 일그러진 세상 따위 얼마든지 뛰어넘을 수가 있는 것이다. 생각하고 명령하는 것, 얻어내고 착취하는 것, 싸우고 조직하는 것들에서 벗어나 괴테처럼 나의 삶 그 자체를 감탄하며 즐길 수 있게 되기를 바라야한다.

만약 결혼이
동거를 고집하지 않았더라면
행복한 결혼은 지금보다 더 늘어났을 것이다.

- '인간적인, 너무나 인간적인'

인간은 그 어떤 동물보다 쓸쓸함에 민감하게 반응하는 동
물이다. 허전함과 쓸쓸함만으로도 사람은 죽음에 이르곤 한다. 자신의 고독에 듬뿍
잠겼다가 떠오른 사람에게서는 참된 인간적인 다정함이 느껴진다. 인간은 천성이
고독해서 서로 손을 잡으려 하고, 살결과 살결을 마주대하며 따스함을 느끼려 한
다. 마음과 마음으로 이야기하고 싶어서 내가 아닌 다른 사람을 소유하려 든다. 그
로 인해 부딪쳐 상처를 입게 되더라도 나의 고독을 이해해주는 상대를 찾아 헤매는
까닭은 그에게 나의 고독을 나눠주고 싶기 때문인지도 모른다.

남성이 여성을 만들었다.
그렇다면 무엇으로 만들어냈는가.
그가 추종하는 신의 이상적인 늑골이
그 주인공이다.

- '우상의 황혼'

사람들은 자연을 사랑한다고 말한다. 그래서 집 밖으로 나가 대지의 아름다움을 즐기고, 풀밭을 짓밟고, 마지막에는 꽃과 가지를 잔뜩 꺾어 집에 가져와서는 그것이 시드는 과정을 지켜본다. 이것이 자연을 사랑하는 방법이다. 자연을 집안으로 옮겨 자유를 빼앗고 메말라가게 만드는 것이 선량한 마음이라며 스스로 감동한다. 이는 곧 사람과 사람 사이에도 공통적으로 적용된다. 타인에게서 나와의 공통점을 찾으려는 것은 그에게 나만의 개성과 특징을 강요하는 억압이며 구속이다. 만남이 둘 중 한 명에게 상처가 되는 이유이기도 하다.

가장 훌륭한 친구는
아마도 가장 사랑스런 아내를 얻게 될 것이다.
결혼은 우정의 재능에서 비롯되기 때문이다.

- '인간적인, 너무나 인간적인'

인간은 본래 고독하다. 그것을 알면서도 다른 사람에게서 사랑과 우정을 구한다. 고독하기에 사랑이 필요하고, 말을 건넬 수 있는 친구를 원하는 것이다. 우리에겐 피부의 온기를 서로 나눠 갖는 상대가 필요하다. 인간이라면 외로운 것이 당연하다. 내가 외롭기에 그 사람도 외로울 것이다. 내가 이렇게 외로운데 그 사람도 틀림없이 누군가를 그리워할 것이다, 라고 생각했을 때 동정심이 생기고, 공감대가 형성되고, 이해가 이루어지고, 마침내 사랑과 우정이라는 결실이 맺어진다.

가장 위험한 망각.

처음에는 타인을 사랑하는 법을 잊어버리고,

마침내 자기 자신을

사랑해야 한다는 사실마저 잊어버린다.

- '서광'

　　　　　　　　　　세상을 커다란 뜨개질에 비유해보면
어떨까. 뜨개질은 한 땀 한 땀 정성껏 바느질을 놓아야 한다.
오른쪽 코와 왼쪽 코와 위쪽 코와 아래쪽 코가 차례로 이어
져 따뜻한 머플러와 훌륭한 테이블보가 완성된다. 당신은 그
뜨개질의 한 코에 불과하다. 비록 보잘것없지만 당신이라는
한 땀을 놓쳐서는 큰일이다. 상하좌우의 많은 뜨개질 코에
피해를 주게 된다. 작아 보여도 당신의 자리를 지켜야 한다.
세상보다는 작아 보여도 당신의 존재가 있기에 이 세상이 완
성된다. 당신 옆에 서 있는 수많은 그들 또한 마찬가지다.

자연은 여성을 통해
자신이 지금껏 무엇을 제작했는지 확인한다.
반대로 남성을 통해서는 자신이 무엇을 극복해야 하는지,
앞으로 무엇을 계획하고 제작해야 하는지를 확인한다.

- '인간적인, 너무나 인간적인'

　　　　　　만일 그 사람을 만나지 않았더라면……. 만일 그 사람과
결혼하지 않았더라면……. 훗날 이런 생각을 해봐야 달라지는 것은 없다. 운명은
어쩔 도리가 없다. 만물이 유전하는 법칙에서 일개 개인의 운명은 우주의 눈에는
보이지 않는 티끌에 불과하다. 사람으로 태어난 이상 이 땅에서 뒹굴며 괴로워하
는 수밖에 없다. 남녀사이를 불교에서는 '갈애(渴愛)'라고 부른다. 타는 듯이 목이
말라 참지 못하겠다는 뜻이다. 남자와 여자는 아무리 오랜 세월 함께여도 서로의
마음은 메말라갈 수밖에 없다.

4. 인간관계

인간의 허영심이 가장 큰 상처를 받게 되는 경우는
인간의 긍지가 상처받을 때다.

- '선악을 넘어서'

우리가 살아가기 위해서는 나 자신의 삶이 중요하고 특별한 것
이라는 확신이 반드시 필요하다. 그런 확신이 없다면 삶의 매 순간은 상처의 연속이 된
다. 그러나 이 사회는 나 자신의 유일성과 중요성을 발견할 만한 기회를 허락해주지 않
는다. 언제든 쏟아 부은 노력과 시간들이 무시당하고 배척받을 수 있다는 것이다. 그 때
문에 참을 수 없는 공허와 허무가 쌓인다. 희망과 가능성은 수시로 방황과 좌절이 되곤
한다. 그리고 인간은 방황과 좌절을 통해 독립할 수 있는 힘을 얻게 된다.

그대는 친구를 위해
맑은 공기와 고독과 빵과 약이 될 수 있는가?

- '짜라투스트라는 이렇게 말했다'

만일 당신이 다른 사람들을 믿지 못하고 모든 것을 직접 해야 직성이 풀리는 성격이라면, 그래서 항상 피곤하거나 분노를 조절하는 데 어려움을 겪고 있는 사람이라면 고민해봐야 한다. 나를 괴롭히는 불신과 분노가 다른 사람들 탓인지, 아니면 내가 나를 믿지 못한 데서 비롯된 강박인지를 말이다. 스스로를 믿지 못하는 사람이 타인에게 신뢰받을 리 없다. 스스로를 인정하지 못하는 사람이 타인을 신뢰할 수 있을 리 없다. 신뢰와 우정은 주고받는 것이다. 내가 나를 믿고 인정해주었을 때 타인에 대한 신뢰가 형성되고, 사람들이 나를 인정해주게 되는 것이다.

현대적인 인간성에 노출된 나는

이 질병과의 투쟁을 선택할 수밖에 없었다.

나의 투쟁은 시대적인 것,

또는 시대에 적합한 모든 것들에 대한

경계심과 냉담함과 각성을 의미한다.

다시 말해 인간에 대한 모든 진실을 보다 먼 곳에서 살펴보고,

내 발 밑에 둘 수 있는 눈을 원한 것이다.

이 목적을 달성할 수만 있다면 어떤 희생도 아깝지 않다.

- '바그너의 경우'

인생은 숙제가 아니다. 내가 아니면 안 되는 일은 세상에 없다. 세상 모든 짐을 내가 지고 가야 될 이유는 없는 것이다. 보이는 것들에 타인의 감정과 판단을 대입할 경우 사는 것은 짐이며, 해결할 수 없는 난제가 된다. 자기를 주장하기보다는 언젠가 남들이 나를 알아주겠거니, 기대하는 기다림은 행복이 아니다. 만인에 둘러싸여 정신적으로 자신을 학대하는 길을 선택하는 것보다 홀로 무대 위에 올라 독백을 읊조리는 편이 더 큰 축복임을 잊어서는 안 된다.

인간이 독을 싫어하게 된 결정적인 이유는
그것을 먹으면 죽기 때문이 아니라 맛이 없어서였다.

- '인간적인, 너무나 인간적인'

　　　　　　　욕망이라는 단어를 더 이상 부끄러워하지 않아도 되는 시대를
살아가고 있다. 사람들은 이제 떳떳하게 욕망을 드러내고, 적극적으로 찾아나서며 충족
시키기 위해 수단과 방법을 가리지 않고 있다. 욕망을 드러내면 드러낼수록 솔직하고
능력 있다는 칭송을 받기에 이르렀다. 그렇다고 모든 것을 숨기지 않고 드러내야 한다
는 건 아니다. 욕망과 감정을 거르지 않고 있는 그대로 표현한다면 끔찍한 일이 벌어질
것이다. 무엇보다도 주변 사람들이 견디지 못한다. 욕망이라는 자아는 양보라는 공동체
의 미덕을 익히려고 하지 않기 때문이다.

새로운 시대는 지나간 시대의 심판자가 될 수 없다.

앞선 세대는 그대들에게 아무런 권리도 부여하지 않았다.

그토록 심판을 원한다면 스스로를 한번 돌이켜보라.

그대들은 단지 피고인보다 조금 늦게 태어났을 뿐이다.

가장 늦게 연회에 도착한 손님이다.

그대들이 앉아야 할 곳은 저 어두컴컴한 말석이다.

하지만 이것으로 만족할 수 없다면, 좋다.

능력을 보여다오.

저 귀빈석을 독차지할 만한 성과를 보여다오.

그렇지 않은 이상, 그대들을 위한 자리는 없다.

- '반시대적 고찰'

인간의 영혼에는 이 세상의 유일한 존재로서 자기 자신을 실현시키고 싶다는 갈망이 숨어 있다. 하지만 세상은 꿈이 실현되는 낙원이 아니다. 이 척박한 환경에서 우리가 스스로 해낼 수 있는 일들은 많지 않다. 그렇기 때문에 현실은 언제나 억압이며, 도망치고 싶은 유혹을 불러일으킨다. 그러니 도망치고 싶다면 생각해볼 문제다. 과연 내가 원하는 목적지가 있는지, 아니면 그저 도망치고 싶을 뿐인지. 목적 없이 벗어나고 싶은 마음에 도망친다면 얻어지는 것은 자유가 아니다. 지금보다 더 절망적인 또 다른 현실뿐이다.

우리는 타인에게 쾌감을 주거나,

혹은 고통을 줄 때만이 타인이 나를 인식할 수 있다고 생각한다.

그래서 우리의 힘을 인식해야 될 필요성이 있다고

생각되는 사람들에게 고통을 준다.

왜냐하면 누군가를 인식하는 데 쾌감보다 고통이 더 오래 지속되기 때문이다.

고통은 항상 원인을 묻는다.

인간은 자신이 누군가 겪고 있는 고통의 원인이 되기를 희망한다.

쾌감은 원인을 묻지 않는다.

따라서 인간은 자신이 누군가의 쾌감이 되었다는 사실에서 수치를 느낀다.

- '즐거운 지식'

　　　　　각자 나름대로 자기만의 특성과 아름다움을 건설하며 살아간다. 그것은 고유한 개인의 성질로서 비교될 수 있는 것이 아니다. 굳이 비교하고 싶다면 인생을 좀 더 느끼고, 좀 더 즐기고, 그래서 좀 더 행복해지는 것으로 충분하다. 인생의 목적은 남들과의 비교를 통해 우위에 서거나, 지극히 주관적인 우위의 심리로 사람들에게 상처를 입힘으로써 남보다 강해졌다는 자기기만으로 충족되는 성격의 개념이 아니다. 새로운 세계를 경험하고 싶다는 도전정신에서 삶의 기쁨이 얻어지는 것이다.

보라!
그는 사람들로부터 도망치고 있다.
그런데 사람들은 그의 뒤를 쫓고 있다.
그가 그들의 앞에서
달리고 있었기 때문이다.

- '즐거운 지식'

비웃음을 사게 될 만큼 쓰라린 실패를 경험해본 적이 한 번쯤은 있을 것이다. 아직 그런 경험이 없다면 머잖아, 혹은 먼 훗날에라도 그런 경험을 하게 될까 두려워 자신의 진심을 속이면서까지 망설이는 사람도 있을 것이다. 어떻게든 남들 눈에 잘 보이고 싶다는 조급함에 떠밀려 자신 있는 일, 좋아하는 일에만 매달리는 것은 비겁한 짓이다. 금방 결과가 나오지 않는 일, 새로운 일, 더 노력해야 하는 일을 찾아 나를 내던지는 용기야말로 누구와도 경쟁하지 않고 오직 나만의 경주를 즐길 수 있는 비법이 된다.

어제의 성공이 별것 아닌 허상처럼 여겨질 때 마음이 무거워진다. 자신이 한심스레 보이고, 지금보다 더 완벽해져야만 꿈꾸던 미래가 실현될 것 같다는 욕심에 무리하게 된다. 현재를 즐기고 누리는 능력을 상실해 버리는 것이다. 기쁨을 만끽해도 충분한 시간에 자신을 계속 채찍질한다. 세상이 부러워하는 성공한 자들에 비해 나는 초라한 열등감 덩어리다. 수치스러운 게 당연하다. 그런 자신의 모습으로부터 해방되고 싶다면 과감한 실패자가 되어야 한다. 어차피 인간은 만족이라는 단어를 모른다.

나는 명성을 바라지 않는다.
많은 재물도 바라지 않는다.
이것들은 나의 비장에서 염증으로 작용될 뿐이다.
하지만 적당한 명성과 약간의 재물 없이는
잠자리가 불편해진다.

- '짜라투스트라는 이렇게 말했다'

우리가 열매를 맺도록 돕지 않는 자는
우리와 아무 상관도 없는 사람들이다.
인간의 교제가 회전축으로
사용할 수 있는 것은 오직 잉태뿐이다.

-'짜라투스트라는 이렇게 말했다'

우리는 스스로를 책임져야 하고, 임
무로 여겨지는 모든 것들을 진지하게 생각해야 한다. 외부환
경이나 요인들, 즉 우리의 영향력 밖에 있는 타인이나 사회
적인 시선들에 대해서는 진지하게 고민할 필요가 없다. 인
생의 목표는 나를 밖으로 드러내는 데 있다. 나를 둘러싼 표
면에 동화되는 것은 인생의 목표가 되지 못한다. 그렇지 않
고서는 인생은 감당하기 어려운 문제가 되는 것이다. 인간은
고정된 존재가 아닌 하나의 시도다. 시도는 한 번으로 족하
다. 나와 상관없는 시도들에 끌려다니는 시간들이 우리를 피
곤하게 만드는 것이다.

오래 전 헤어졌던 친구와 다시 만나

그들에게 아무런 영향도 끼치지 못하는 추억을 끄집어내

소중한 보물로 간직해왔던 것처럼 자랑한다.

양쪽 모두 이런 대화가 불필요함을 알고 있지만,

감히 그 베일을 벗길 생각은 하지 못한다.

마치 죽은 자와 산 자의 만남처럼 영혼과 입술과 마음이

서로 다른 감정을 품고 있는 것이다.

- '인간적인, 너무나 인간적인'

누군가와 가까워지고 싶다는 소망은 자신의 가장 깊은 곳에 숨어 있는 자아를 다른 이들과 나누려는 소망이다. 사람에겐 자신을 보호할 수 있는 심리적 거리가 필요하다. 이 거리는 타인의 침입과 간섭으로부터 자신의 세계를 지켜내려는 정체성이다. 자기 정체성을 제대로 확립하지 못한 사람은 타인과의 사귐에 겉보기에 그쳐버린다. 개인과 개인의 교감은 자기 정체성을 잃지 않고 상대와 지속적으로 감정을 공유하는 것인데, 자기 정체성이 부족한 사람은 타인에게 쉽게 매몰되거나, 타인에 대한 공포로 진심을 나누지 못하게 되는 경우가 다반사다.

비록 아주 조그마한 행복일지라도
날마다 찾아와서 기쁘게 해줄 수 있다면
불쾌와 갈망과
궁핍의 시기에 찾아오는
저 거만한 기쁨보다 훨씬 소중하다.

- '반시대적 고찰'

가까워지기 어려운 사람들은 어쩌면 상대방이 자신에게 먼저 손을 내밀어주기를 기다리는 것인지도 모른다. 그들 또한 나처럼 외롭고 힘들지만 차마 그 속내를 들킬 수 없어 용기를 내지 못하고 있는 것뿐인지도 모른다. 내가 먼저 용기를 내어 조금씩 관계의 물길을 터나간다면 설령 좌절하게 되더라도 더 이상 삶은 외롭지도, 공허하지도 않은 시간들로 쌓여나갈 것이다. 이것은 결코 어려운 일이 아니다. 특별한 기술을 배워야 되는 것도 아니다. 다만 내가 먼저 그에게 용기를 내어 손을 내밀어주기만 하면 된다.

고독한 자는 사랑을 필요로 한다.
침묵과 위장의 긴장이 풀리는 순간,
그는 친구를 원하게 된다.

- '반시대적 고찰'

인간에게만 주어진 특별한 능력은 이해와 공감이다. 마음을 잃고 함께 기뻐하거나 아파할 수 있는 능력은 인간에게만 허락된 독특한 선물이다. 인생은 애착과 사랑을 통해 성숙해진다. 사람과 사람 사이의 애착은 뇌와 신경을 활성화시켜 다른 부분에서도 인간의 재능을 발달시키는 신비로운 힘이다. 사람과의 정서적 교감 없이는 인간답게 살아갈 수 없는 존재라는 뜻이다. 그의 고통을 충분히 살펴본 후 내 안으로 돌아와 나라면 어땠을까, 내가 그라면 무엇을 바랐을까, 고민하여 답을 찾는 것이 공감이다. 정신의 가장 성숙한 기능이 바로 공감인 것이다.

사람들은 마흔 살 이후로 자서전을 쓸 권리가 주어진다고 믿는다.

왜냐하면 가장 열등한 인생을 살아온 사람일지라도

그 나이가 되면 사상가에 버금가는 사건들을 체험했을 테고,

시인처럼 격랑을 이겨낸 경험이 있을 것이기 때문이다.

그러나 문제는 자서전을 통해

생존 중에 체험하고 탐구한 것뿐 아니라

자신이 믿었던 가치를 타인에게 강요하겠다는 전제가

숨어 있다는 점이다.

- '반시대적 고찰'

모든 것에는 때가 있고 기한이 있다. 그래서 우리는 아까운 시간들이 그냥 흘러가는 건 아닌지 의심이 들며 초조해지곤 한다. 나는 지금보다 더 뛰어난 사람이 될 수 있는데 망설이고 있는 것은 아닌지 걱정스럽다. 이러지도 못하고 저러지도 못한 채 우유부단한 하루가 속절없이 지워진다. 그러나 인생에 쓸모없는 시간 따위는 없다. 반복되는 가운데 익숙해져버린 일상에 더럭 겁이 나는 것은 당연하지만 언뜻 무의미해 보이는 일상들이 쌓여 나도 모르는 사이에 내 인생을 분석하고 발전시키고 앞으로 나아가게끔 만들어주는 발판이 된다는 사실을 무시해서는 안 된다.

용서는 대가가 없다.
그대를 용서함으로써
나를 괴롭혀온 악마들을 모두 물리칠 수 있었다.

- '짜라투스트라는 이렇게 말했다'

하루에도 몇 번씩 크고 작은 상처를 받지만 이를 무시하며 앞으로 나아가는 것이 태어난 자들의 숙명이다. 하지만 때로는 고통이 너무나 커서 신음하게 되고, 자존심이 난도질당한 것 같아 사람들 앞에 나타날 용기가 사라져버린다. 한 발도 나아가지 못하는 것이다. 상처에 붙들리는 순간 인생은 그 자리에 멈춰버린다. 반대로 용서하고 망각하고 회복하면 얽매인 감정의 사슬에서 풀려나 다시 앞으로 나아갈 수 있는 힘을 얻게 된다. 상처는 그 자리에 놔두고 떠나버리면 그만이다. 다시 그 자리로 돌아가지 않는다면 상처가 기억날 리 없다.

그들에게 가장 나쁜 소식은
곧 죽는다는 것이며,
그 다음으로 나쁜 소식은
언젠가는 모두가 죽는다는 것이다.

- '비극의 탄생'

죽음이란 흐르는 강물에 생명을 부어 강물을 살찌게 하고 영원히 흐르는 그 강물 속에서 영원토록 소생한다는 의미인지도 모른다. 물결이 지나간 자리에는 작은 추억들이 젖은 모래 속에 숨어 있다. 만남 뒤에는 언제나 추억이 숨어 있다. 상처를 입히고 헤어졌을지라도 아름다웠던 일과 그리웠던 일들은 물가의 조개껍질처럼 추억 속에 아로새겨지는 법이다. 산다는 것은 만나고 결국에는 헤어진다는 것. 한없이 물가로 밀려왔다가 다시 저 멀리 사라지는 파도와 다를 게 없다.

그대는 공정한 눈을 손에 넣고 싶은가.
그렇다면 그대와 똑같이 생긴
수많은 눈동자를 인정하고,
이전에 그냥 지나친 모든 인생들을
헤아릴 수 있는 인간이 되도록 노력해야 한다.

- '즐거운 지식'

살아 있다는 것은 언제나 과정이다. 과정이므로 삶의 길에 서 있다는 것은 아직 완전한 존재가 되지 못했다는 뜻이다. 완전하지 못하므로 부족하고, 미숙하고, 불안정하다. 그러나 우리는 유한한 존재이며, 변화해가는 가능성이다. 완벽해지는 것은 불가능해도 잠재력이 행동으로, 가능성이 현실로 나아간다는 점에서 모두가 특별하고 위대하다. 살아 있는 모든 이들에겐 이처럼 특별함이 있다. 나만 특별한 게 아니라 우리 모두가 특별한 것이다. 이것을 인정했을 때 내 안의 특별한 본성은 더욱 빛을 발하게 된다.

인내심은 타인의 인간성을
공감하는 데 필요한 것이 아니라
인간성의 공감을
견뎌내기 위해 필요하다.

- '이 사람을 보라'

인생은 각자에게 저마다 다른 과제를 부여한다. 그러므로 세상에는 태어날 때부터 쓸모없는 인간이라고 정해진 사람은 없다. 약하고 가난한 사람도 가치 있고 진정한 삶을 영위할 수 있다. 언젠가는 자기 자리를 찾게 될 것이며, 주어진 인생의 과제를 받아들이고 실현해내고자 노력하는 가운데 쓸모 있는 존재로 거듭나게 될 것이다. 우리에겐 고귀하고 신성한 재능과 섭리가 숨어 있는 것이다. 다만 지금 당장의 시선으로 판단하려고 했기 때문에 절망하고 포기하게 되는 것뿐이다.

처음 만나는 사람,

혹은 아직 완전히 파악하지 못한 사람과 만났을 때

모두가 잘 아는 진부한 사상에 대해 떠들고,

자신과 약간이라도 친분이 있는 지인이나

여행에 관한 이야기를 떠드는 까닭은

자신이 그다지 대단한 인물이 아니라는 것,

따라서 그렇게 경계할 필요가 없다는 것을 보여주고 싶어서다.

- '인간적인, 너무나 인간적인'

　

생각해보면 다른 사람을 위해 기꺼이 시간과 노력을 들이는 희생은 아무나 할 수 있는 일이 아니다. 자부심이 있는 사람만이 기꺼이 손해를 감수할 수 있기 때문이다. 그리고 다른 사람을 도와 그에게 필요한 사람이 되는 것은 세상을 살아가면서 얻을 수 있는 가장 값비싼 기쁨 중에 하나다. 그런 희생의 가치를 자기 스스로 깎아내려서는 안 된다. 양보를 손해로, 포용을 굴복으로 받아들여서는 안 된다는 이야기다. 다른 사람을 위해 희생할 줄 아는 자신의 행동을 폄하하고 불만스레 여기는 것이야말로 부끄럽게 생각해야 될 문제다.

타인으로부터 존경을 받고 싶다면
아무것도 이해하지 못했다는 말을 반복하라.
그들은 당신의 무지에 특권을 부여해줄 것이다.

– '인간적인, 너무나 인간적인'

사회는 날이 갈수록 개인주의적이며, 이기적으로 변모하고 있다. 그 속에서 살아가는 우리들은 타인을 향한 이해에 점점 더 각박해지고 있다. 일방적인 소통과 강압, 명령이 난무하는 세상에 익숙해진 사람들은 저마다 상대방에게 자기 입장을 강요하려고만 할 뿐, 다른 이의 감정과 상황을 고려해주려는 생각은 미처 하지 못한다. 타인에 대한 이해는 행복한 인생에 반드시 필요한 덕목이다. 서로 이해할 수 있어야만 다양성이 인정되어 더불어 살아가는 법을 배울 수 있기 때문이다. 나를 이해해주는 사람이 곁에 있다는 것만큼 행복한 일은 없다.

적들에게 무언가를 배우는 것은
그들을 사랑하기 위한 최선의 길이다.
왜냐하면 우리로 하여금
적에 대한 감사를 일깨워주기 때문이다.

- '인간적인, 너무나 인간적인'

　　　　　　　　나르시즘이란 세상에 나만이 옳고
다른 사람은 모두 틀렸다는 극단적인 자기몰두가 보여주는
폐단 중 하나다. 마음이 성장을 멈춰버리면 사람은 자기중
심적인 행태를 보인다. 그래서 다른 사람들에게 심한 비난과
비판을 쏟아내기 일쑤다. 내 안의 파괴적이고 이기적인 욕망
들, 과거의 상처에서 만들어진 성공에 대한 집착은 나를 잠
시 내려놓으라는 나만의 신호다. 그리고 바라보고 배우는 것
이다. 나와 다른 모습들, 생각들, 경험들에서 하나씩 배워나
가는 것이다.

나를 버리지 않고 따뜻하게 감싸주는 사람이 있다는 것은 축복이다. 나와 더불어 나의 운명을 염려해줄 누군가가 필요해서 우리는 사랑을 하고 결혼을 하는 건지도 모른다. 하지만 세상에는 나를 미워하는 사람도 많고, 내가 미워하는 사람도 많다. 그 수는 해가 더해질수록 줄어들기는커녕 늘어만 간다. 그럴수록 미워하는 사람들을 견뎌내고 존중할 수 있는 마음의 힘과 여유가 필요하다. 현실의 한계를 인정하고 그들의 장단점을 파악해 인정해주는 연습을 반복하다 보면 영원한 적은 없다는 말을 실감하게 될 것이다.

적개심으로 적개심을 이길 수는 없다.
적개심은 우정으로 끝이 난다.

- '이 사람을 보라'

삶에는 의미가 있어야 된다고 말한다. 만약 삶에서 의미를 찾는다면 그것은 우리들 자신이 각자의 삶에 부여하는 만큼만 허락될 것이다. 개인의 삶은 불완전할 수밖에 없으므로 사람들은 종교나 철학에서 해답을 찾으려고 하지만 고작 잠시의 위로에 그치게 될 뿐이다. 인생은 사랑을 통해서만 의미를 얻게 된다. 더 많이 사랑하고 더 많이 헌신할수록 삶은 그만큼 많은 의미를 지니게 된다. 재산과 권력을 갖고자 노력할수록 마음은 가난해지는 반면에 헌신과 관심, 사랑을 기울일수록 인생이 더 풍요로워진다는 것이 그 증거다.

인간 사회에서
갈증을 느끼지 않기 위해서는
갖가지 잔으로 물을 떠먹는 법을 배워야 한다.
인간 사회에서
자신의 순결을 지키려는 자는
더러운 물로 몸을 씻는 법도 익혀야 한다.

- '짜라투스트라는 이렇게 말했다'

인생, 그것은 기둥과 계단이다.

인생은 스스로를 높이 쌓아올리려 한다.

멀리 눈을 돌려 이 세상에 없는 아름다움을 발견하려고 애쓰는 것이다.

그렇기 때문에 인생은 높이에 집착한다.

높이에 집착하기 때문에 계단이 필요하며,

계단을 오르기 위해서는 모순이 필요하다.

더 높은 곳으로 올라갈수록

자신을 극복하게 된다는 모순에 납득당해야 한다.

- '짜라투스트라는 이렇게 말했다'

역사에 등장하는 위대한 권력자들, 부호들은 당대에 이미 사라져버렸다. 하지만 그리스도나 플라톤, 석가모니, 공자의 말씀과 가르침은 여전히 살아남아 지금도 우리 곁에 머물고 있다. 권력이나 재산, 지식이 행복을 가져다주지는 못한다. 오직 사랑만이 행복을 가져올 수 있다는 것은 우리에게 남은 마지막 희망이다. 사심 없이 자신을 버리고 사랑하는 마음으로 포기하고, 동정을 실천에 옮긴다면 인생은 저절로 위대해진다. 이것이 앞으로, 그리고 위로 전진하는 유일한 길이다.

나의 감정을 순결한 상태로 회복시키고,

모든 잡다한 사물들로부터 탈출시키고,

다시 한 번 나를 느껴야할 필요성이 제기되었을 때,

나는 스스로 존재하고자 철학을 선택할 것이다.

- '반시대적 고찰'

세상과 이웃을 바라보며, 고통에 대항하는 감사를 배우고, 열린 마음으로 아침을 맞이하고, 아픔 속에서도 미소를 잃지 않기 위해서는 철학이 필요하다. 진정한 가르침은 시대를 가리지 않는다. 그 어느 미래에서도 낡은 것이 되지 않는다. 인간에게 생각하는 힘은 어느 때나 절실하기 때문이다. 인간에겐 온갖 왜곡과 오류에서 빠져나와 이성과 선으로 되돌아올 능력이 있다. 그런 능력이 발휘되려면 철학이라는 신뢰가 절대적으로 요구된다. 더 이상 혼돈에 절망하고 싶지 않다면 자기만의 인생철학으로 존재의 정당성을 입증해내야 하는 것이다.

양심을 따르기란

외지를 따르는 것보다 훨씬 매력적이다.

왜냐하면 실패했을 경우

양심은 자기변호나 기분전환이 가능하기 때문이다.

그래서 지적인 사람은 극소수인데 반해,

자신이 양심적이라고 말하는 사람은 아주 많다.

- '인간적인, 너무나 인간적인'

인간으로서 우리의 과제는 일회적이고 개인적인 삶을 뛰어넘는
데 있다. 동물에서 인간으로 한 걸음 더 나아가는 데 있다. 우리는 외부의 맹목적인 힘
에 휘둘리는 장난감이 아니다. 의미 있는 삶을 추구하며, 내면의 소리에 귀를 기울이고
이에 적극적으로 동참하는 것이 중요하다. 자기 자신에 대해 스스로 판단하고, 스스로
변화되기 위해 노력해야 되는 것이다. 가능한 일이 일어나도록 하기 위해서는 불가능한
일을 수도 없이 반복해야만 한다. 이것이 곧 지혜이며 지식이다.

5. 세상

사람들은 질병에 논리적으로 접근하지 않는다.
단지 자신을 괴롭히는
심리적 압박, 불신감, 불쾌감, 구역질,
그리고 자기 안에 어떤 커다란 위협이 도사리고 있다는
막연한 불안감에 저항하는 것뿐이다.

- '바그너의 경우'

인간은 오십이 되면 늙고, 육십이 되면 지치고, 칠십이 되면 죽음을 준비한다고 하는데 이런 말을 잊어버리고 싶다. 100살까지 살게 될지도 모른다. 120살까지 살아 있을지도 모른다. 그렇게 생각하며 하루를 지낸다. 만에 하나 내일 죽더라도 후회하지는 않을 것이다. 100살까지 살려고 애썼는데 쉽지 않구나, 라고 생각하면서 죽는 것도 재미있을 테니까. 세상은 현재의 순간으로 정해지지 않는다. 모든 사물은 시시각각으로 움직인다. 그것이 자연의 이치다. 거기에는 어떤 위험도 없다.

참으로 슬픈 일이 아닌가!

인간은 이제 그 어떤 별도 낳을 수 없게 되었다.

인간은 더 이상 자신을 경멸할 수 없는 시대를 살아가게 되었다.

보라!

그대들 눈앞에 서 있는 그대들이 마지막 인간이다.

- '짜라투스트라는 이렇게 말했다'

　　　　　　　모든 것이 멸망의 길을 걸어가는 운명 속에서 오직 하나, 멸망
하지 않는 것이 있다. 참된 진리다. 석가모니는 스물아홉에 집을 떠나 전국을 행각하며
사람들을 고통에서 구제하기 위해 올바른 가르침을 설파하고, 팔십에 병으로 쓰러져 입
멸했다. 그의 죽음 앞에서는 기적도 일어나지 않았다. 보통 사람과 똑같은 죽음을 맞이
했다. 석가모니는 우리와 똑같은 인간이었고, 인간답게 운명에 순종했다. 우리도 두려
워할 필요가 없는 것이다. 대신 만반의 준비를 갖추고 그날을 맞이하려고 최선을 다해
살아갈 뿐이다.

인간의 눈은 탐욕이 필요할 때만 떠지는 도구로 전락했다.

인간은 문명을 발전시킨 야성적인 실험으로부터

목가적인 안락함으로 도피해버렸다.

예술가의 끊임없는 충동은 미덕에서 삶을 괴롭히는 악덕으로 변질되었다.

인류는 점점 더 소심해지고, 조용해지고, 어리석어질 것이다.

그의 가느다란 손가락이 여전히 삶의 감춰진 구석들을 가리키고 있지만,

인간은 더 이상 손가락이 가리키는 곳에 시선을 두려하지 않는다.

이 거대한 생존의 늪에서

얌전한 꽃으로 피어나기만을 고대하고 있다.

- '반시대적 고찰'

　　　　　　　　남들처럼 평범하게 가정을 지키면서 평범한 삶을 보내고 싶다면 인생의 갈림길에 도착했을 때 가장 안전해 보이는 길을 택해야 한다. 그 길에서 당신은 편하게 살 수 있고, 괴로운 일도 많지 않을 것이다. 만약 남보다 세상을 더 많이 보고, 사람의 발길이 닿지 않은 곳에서 당신만의 보물을 찾고 싶다면 위험해 보이는 길, 위태로운 길, 무서운 길을 택해야 한다. 그처럼 두렵게만 보이는 길을 찾아서 발걸음을 옮겼을 때 인간의 마음은 자신의 내부에서 재능이라는 것을 찾아낸다.

언젠가 인간이 날아다니는 법을 배우게 된다면
모든 경계가 새롭게 정해질 것이다.
경계는 더 이상 지상의 소유가 되지 못할 것이다.
대지는 '가벼운 어떤 것'이라는 새로운 정의를 받아들이게 된다.
타조는 빨리 달리지만,
가끔은 머리가 땅에 처박혀야 한다.
아직은 날지 못하는 인간도 마찬가지다.

- '짜라투스트라는 이렇게 말했다'

세상에 태어났다는 것은 여행이 시작되었다는 뜻이다. 이 여행 길에서는 싫어도 앞으로 나아가야만 한다. 그것이 인생이라는 여행의 숙명이다. 한 번 거쳐 간 숙소로는 되돌아올 수가 없다. 내가 떠나는 순간 길이 막혀버린다. 혼자서는 힘겹고, 동행자를 지나치게 의지했다간 배신당할 수도 있다. 어차피 이 세상은 혼자만의 여행이다. 그렇게 생각하고 포기하면 기대하지 않았던 인정과 풍경이 마음속에 스며들어 여행은 더욱 풍요로워진다. 남들이 보지 못하고 발견하지 못한 나만의 이상과 신념들로 세상이 가득 채워지는 특권을 누리게 된다.

잘못된 독서는 나쁜 친구와 어울리는 것보다 더 나쁘다. 인간의 머리는 실제생활에서 경험한 것보다 상상 속에서 대면한 장면들에 더 큰 매력을 느낀다. 인간의 지성에는 한계가 있다. 지성의 한계는 공상의 산물을 현실과 착각한다는 점이다. 인간은 외부환경에 대해서는 어느 정도 판단이 가능하지만, 내부에서 들끓는 가설에 대해서는 그 주체가 자기 자신이라는 이유로 무조건 미화시킨다. 한 권의 책이 때로는 한 인간의 삶을 불행하게 만들 수도 있다는 얘기이며, 한 권의 책으로 말미암아 불행해진 한 사람 때문에 이 사회가 불행해질 수도 있다는 뜻이다.

그대는 입만이 아니라
머리로도 먹을 줄 알아야 한다.
입 때문에 몸을 망치고 싶지 않다면.

- '인간적인, 너무나 인간적인'

공격은 인간의 본능이다.
누군가의 적이 될 수 있다는 것,
혹은 누군가를 적으로 간주할 수 있다는 것은
인간의 본능에 내재된 잠재력이다.
이 잠재력이 드러나기 위해서는 언제나 반항이 필요하다.
따라서 반항이란 요구의 진짜 이름이다.

- '이 사람을 보라'

혼자 태어나 혼자 죽어가는 인간은
자기 자신을 의지하며 단련시키는 것만이 삶을 지탱하는 유일한 방법이다. 내가 속해 있는 세계에서 어느 날 갑자기 모습을 감추고 낯선 세계에 떨어져 새롭게 인생을 펼쳐보고 싶다고 꿈꿔보지 않은 사람이 있을까. 나약하기에 도피를 꿈꾼다고 비난해서는 안 된다. 때로는 마음이 너무나 강해서 굴레를 견뎌내지 못하는 사람도 많다. 스스로를 괴롭히는 선택이 될지라도 가야만 되는 길도 있는 것이다. 그 길 앞에서 머뭇거린다면 육신을 위해 인생을 포기하는 짓이 되고 만다.

질병은 자신의 사명에 대한 권리를 의심하게 되었을 때,
아 길에서 잠시 벗어나
좀 더 편안한 휴식을 갈망하게 되었을 때
주어지는 답이다.

- '인간적인, 너무나 인간적인'

마음의 상처가 사람을 허무하게 만들 때도 있고, 태아시절 어머니의 태내에 뜨거운 무언가를 빠뜨리고 태어나 마음의 공동(空洞)을 평생토록 짐처럼 안고 사는 사람도 있다. 심장에 구멍이 뚫린 갓난아기라면 의사의 손길이 도움을 주겠지만 마음에 구멍이 뚫린 갓난아기라면 아무도 그의 상처를 깨닫지 못한다. 나의 하찮음에 절망하며 바닥에 널브러지는 그 순간 재생의 힘이 솟아오른다. 그 힘으로 말미암아 인간은 고독한 중생이며, 죽는 날까지 번뇌의 자식이라는 신분에서 벗어날 수 없다는 진리를 마음속 깊은 곳에서 깨닫게 된다.

228

올바른 정신을 갖춘 자만이 '소유'할 수 있어야 한다.

그렇지 않고서는 부유함이 사회를 위협하게 된다.

소유가 제공한 시간을 사용할 줄 모르는 인간은

이 남아도는 시간을 구입하고자 끊임없이 소유를 확장시키려 한다.

이 욕구가 그에겐 위로가 되고,

지겹도록 반복되는 권태를 이겨낼 유일한 전략이 되는 까닭이다.

- '인간적인, 너무나 인간적인'

인생의 목표는 레스토랑에서 맛있는 음식을 주문하는 것과 비슷하다. 입으로 말하지 않으면 나조차도 내가 원하는 게 무엇인지를 모른다. 확실하게 나는 무엇을 하겠다, 나는 무엇이 되겠다, 라고 주문해야 한다. 어떤 인생을 살아나가고 싶은지를 하나하나 미리 정해두고 주문해야 한다. 그 값은 돈이 아닌 행동으로 지불하게 될 것이다. 내가 해야 할 일들을 목록으로 구체화시키고 하나씩 실천해나감으로써 주문한 인생이 내 앞에 펼쳐지는 놀라운 체험을 만끽하게 된다.

비판은 우리의 변덕에 의지하지 않는다.
또한 우리의 개인적인 삶을 초월하지도 않는다.
비판은 우리의 생활 속에서 수명을 연장해나간다.
그리고 우리 안에 세계의 질서를 바꿀 수 있는
힘이 존재한다는 사실을 증명한다.

- '즐거운 지식'

인간이 살아가기 위해서는 돈이 필요하다. 건강도 필요하다. 지위도 탐나고, 값비싼 물건도 욕심이 난다. 하지만 그 모든 것을 손에 넣더라도 사랑하고, 사랑받지 못한다면 인생에는 아무것도 남지 않는다. 내가 사랑하는 사람이 있고, 나를 사랑해주는 사람이 있다는 자각은 인생에서 가장 소중하고도 기쁜 일이다. 이런 마음이 없다면 살아 있어도 죽은 것과 매한가지다. 비난과 비판의 구분은 사랑의 유무다. 잘못된 길에 서 있는 나를 제자리로 돌려보내주는 비판의 목소리는 나를 향한 가장 큰 사랑의 베풂인 것이다.

이곳은 식인종의 나라다.
홀로 있을 때는 자기가 제 살을 먹어치우게 되고,
대중과 함께 있을 때는 대중이 나를 먹어치울 것이다.
그러니 어느 쪽이 될 것인지 망설일 여유가 없다.

- '인간적인, 너무나 인간적인'

'또 하나의 자기'를 깨닫기란 참으로
어려운 일이다. 가족과 함께 살고 있어도, 많은 친구들에게
둘러싸여 있어도 '또 하나의 자기'를 발견하지 못했다면 고
독은 운명처럼 따라붙는다. 또 하나의 자기를 발견하게 된다
면, 인생이 비록 순례는 아닐지언정 나의 삶에 한 명의 동행
자가 더 생기는 셈이다. 혼자 있어도 고독하지 않고, 내가 사
람들 속에서 파묻혀 지워져갈 때 나를 찾아주는 등불이 되어
준다. 자신을 등불로 삼기 위해서는 '또 다른 나'에게 성냥을
그어 불을 붙이려는 시도가 필요하다.

'시간'은 그 사람과 함께 살아간다. 육친보다도, 부부보다도, 공기나 태양보다도 더 오랫동안 나와 함께 지낸다. 사람은 자신의 시간과 영원히 행동을 같이한다. 하지만 살면서 시간을 되돌아보는 것은 행복한 추억이 그리워졌을 때와 고독으로 몸서리가 쳐질 때밖에 없는 것 같다. 불빛이 새어나오는 창문, 작게 들리는 부엌 물소리와 접시 소리…… 그런 소리들이 한데 모여 내 마음속 어딘가에 숨어 있는 향수를 자극한다. 그 향수에 기대어 오늘을 살아갈 새 힘을 얻는다.

지나간 시간을
오늘의 삶을 위해 부활시키고,
일어난 사건을
기초로 역사를 만드는 힘에 의해
비로소 인간은 인간이 된다.

- '반시대적 고찰'

햇볕이 잘 드는 양지와 지하수가 풍
족한 땅에서만 식물이 잘 자라는 것은 아니다. 아무리 좋은
환경이라도 '나'라는 모종과 어울리지 않는다면 오히려 나를
해치는 결과가 초래된다. 세상과 타협하자는 얘기가 아니다.
세상이라는 곳을 이해하고 '나'라는 모종이 무럭무럭 자라기
에 적합한 환경을 찾아보자는 것이다. 내가 터전으로 삼고
행복한 인생을 가꿔 평안과 안석이라는 수확을 추수하기에
적합한 곳을 제대로 찾아내지 못한다면 열심히 수고하고 마
음을 다잡아도 세상의 잘못된 관념들에 끌려가서는 마지막
에 이 처절한 세상과 꼭 닮은 표정을 짓게 된다.

벌거벗은 철학의 몸뚱이에
유행하는 천박한 옷가지들을 걸쳐놓고
만족해하는 자들이 바로 현대인이다.
그렇다, 분명 사람들은 철학적으로 생각하고,
쓰고, 인쇄하고, 말하고, 가르친다.
그래서 나는 자문한다.
우리가 생각하는 기계, 쓰는 기계,
인쇄하는 기계, 말하는 기계,
가르치는 기계에 불과한 것은 아닐까?

- '반시대적 고찰'

물리학은 세계에 대한 분석적 정리일 뿐,
세계에 대한 설명은 아니다.

- '선악을 넘어서'

나는 아무런 의미 없이 이 세상에 존재
하는 것이 아니다. 어린아이든 어른이든 각자 맡은 역할이 있
고 살아가야 하는 이유가 있다. 어떤 상황에서도 나를 포기해
서는 안 되는 것이다. 이곳에 내가 있어서 누군가를 도와줄 수
있고, 위로할 수 있고, 힘을 북돋아줄 수 있고, 행복하게 만들
어줄 수 있기 때문이다. 지금 나를 둘러싼 세계가 낯설고 위험
하게 느껴진다면 굳이 자신을 속이려고 할 필요가 없다. 진지
하게 현재의 나를 세계와 부딪혀서 극복해내야 한다. 산 하나
를 넘으면 저 너머에 또 다른 산이 보인다. 그것이 인생이다

무화과가 나무에서 떨어진다.

그것은 감미로운 맛을 뽐내고 있다.

무화과가 땅에 떨어질 때 그 빨간 껍질도 함께 터진다.

나는 무르익은 무화과를 떨어뜨리는 북풍이다.

- '짜라투스트라는 이렇게 말했다'

인간은 자신의 약함을 알기에 여러 가지 습관 중에서 수많은 법과 형벌을 만들어냈다. 그러나 시대를 막론하고 인간이 만든 법에서 빠져나와 그에 대한 형벌을 온몸으로 받아내는 사람도 있다. 험난하다는 것을 알면서도 반역의 길을 걸어가는 사람이 있다. 그들이 흘린 피로 역사가 기록되어왔다. 제도의 필요성과 더불어 제도의 나약함과 거짓도 꿰뚫어봐야 한다. 그것이 제도권 밖을 맴돌고 있는 내 삶의 진정한 의미를 확인하는 길이다. 절망하기 전에 희망을 버려서는 안 된다. 그것은 교만이다.

생존이란 무엇인가.
생존이란 모든 죽어가는 것들로부터
항상 자기 자신을 멀리 떼어놓고 싶은 마음을 뜻한다.
생존은 늙을 수밖에 없는 삶에
그 어떤 은혜도 베풀어주지 않는다.

- '즐거운 지식'

사는 것이 '허무하다'면서 우울증에 시달리는 사람들이 늘어나고 있다. 사는 게 미치도록 우울하다면서 다들 눈물을 흘린다. 생활의 헛됨에 몸부림이 쳐지는 사람이라면 그 같은 헛됨의 밑바닥에 무엇이 숨어 있는지 반드시 확인해야 한다. 감정의 밑바닥에서 무엇인가를 길어 올려야만 한다. 인간에겐 자위본능이라는 것이 있다. 물에 떠내려가다가도 바닥에 발이 닿으면 순간적으로 바닥을 차고 물 위로 떠오르려고 한다. 영원히 눈을 감게 되는 날이 올 때까지 그 본능을 지켜내야 한다. 그것만으로도 인생은 값어치가 충분하다.

자신의 나약함을 긍정하는 것은
정의를 추종하는 것보다 고귀하다.

- '짜라투스트라는 이렇게 말했다'

연꽃은 물 위에 피어난 한줄기 잎사귀에 불과하지만 그 아름다움은 누구도 부인하지 못한다. 왜 그럴까? 진흙에서 태어났기 때문이다. 길이 험하면 험할수록 정상에 도착했을 때의 기쁨은 배가 된다. 만약 인생에서 역경이 사라진다면 우리는 행복해질까? 그보다 삭막한 인생은 없을 것이라고 믿는다. 사람들이 결승점을 통과하지 못하고 좌절하는 까닭은 그가 지나온 길이 험해서가 아니다. 다른 사람들의 결승점을 기웃거렸기 때문이다. 인생에서 얻고자 하는 것을 쟁취하기 위해서는 나의 능력과 열정만으로 충분하다는 믿음이 필요하다.

그대들은
신념이 전쟁을 정당화시킨다, 라고 말한다.
하지만 나는 그대들에게
전쟁이 신념을 정당화시켰음을 알려주고 싶다.

- '짜라투스트라는 이렇게 말했다'

어떤 자들은 도시의 화려한 야경을
가리키며, "이것이야말로 우리 시대가 만든 진리입니다"라
고 당당하게 말한다. 그러나 삭막한 도시의 한 귀퉁이에 의
지할 처소를 마련한 우리 눈에는 이 아름다운 야경이야말로
투쟁과 거짓과 속임수의 상징일 뿐이다. 거리의 전등이 꺼
지고 새벽이 찾아오면 도시는 베일을 벗고 그 본질을 드러낸
다. 도시의 본질은 고된 삶을 외면하는 것이며, 정직하고 올
바르게 살아가려는 사람들을 의식적으로 조롱하고 경멸하는
것이다. 인간의 손으로 쌓아올린 도시가 인간을 배타하고 있
다. 그 모습이 화려하게 포장되어 있는 것은 눈속임에 불과
하다. 우리는 이 도시를 진리로 착각할 수가 없다. 이 도시가
우리에게 강요하는 것들을 따라갈 수가 없다.

그들은 심각한 안질을 앓고 있다.

그래서 모든 사물을 부정확하게 묘사한다.

그들은 아침마다 자신들의 썩은 담즙을

한 움큼 뱉어놓고는 신문이라고 부른다.

- '짜라투스트라는 이렇게 말했다'

언론은 막강한 힘을 가진 권력자다. 미디어의 지배를 받고 있는 오늘날에 이르러 언론이 말하는 진실이 곧 바이블이다. 언론을 이루는 구조는 사회의 권력구조와 다를 게 없다. 그런 언론을 개인이 이겨낸다는 것은 말이 안 된다. 게으른 개인은 언론을 수용하며 고개를 끄덕거릴 뿐, 자극을 표출하려고는 하지 않는다. 그래서 육신을 잃고 껍데기만 남은 채 말해진 것들에만 갇혀 지내는 신세가 되었다. 진실만을 이야기한다는 것은 쉬운 일이 아니다. 진지하게 노력해도 인간의 입술에서 진실만이 흘러나온다는 것은 불가능에 가깝다.

외부로부터의 분리와 반대는 필요악이다.
증오와 질투, 불신과 냉혹, 탐욕과 난폭이라는 개념이 없었다면
인류는 도덕을 깨닫지 못했을 것이다.
마찬가지로 저 여리고 어린 새싹은
퍼붓는 빗속에서 더욱 강인하게 성장한다.
연약한 인간을 말살해버리는 외부의 고통도
살아남은 인간에겐 영양제에 불과하다.
살아남은 자들은 고통을 아픔이라 부르는 법이 없다.

- '즐거운 지식'

겨울 뒤에 봄이 오듯 우리들을 슬프게 하는 미움이 영원하지는 않다. 잊지 못할 것 같았던 미움 받던 기억도 어느 날 문득 깨닫고 보면 바래져 있다. 사무치는 증오에도 사흘을 굶지는 못한다. 울면서 밥을 먹고 울면서 목욕한다. 이것도 다 하늘의 은총이다. 밥을 먹어야 하고, 씻어야 하고, 웃어야 하기에 우리는 나를 미워하는 자들의 영혼을 잊을 수 있는 것이다. 세상만사가 너무도 선명하게 잘 보여서 한 치의 틈도 허락하지 못한다면 살아가는 희망도 없을 것이다.

나는 민중의 죽음에 대해 말하고자 한다.

나의 형제들이여!

이곳엔 민중이 없다. 다만 국가가 있을 뿐이다.

국가란 식어버린 민중의 시체, 그 시체를 먹고사는 냉혹한 괴물이다.

그들은 우리를 기만하고, 지배하며, 잔인하게 물어뜯는다.

그들은 이렇게 외친다.

"국가는 곧 민중이다!" 보라! 저 괴물은 우리를 향해 울부짖고 있다.

"이 세상에 나보다 더 위대한 존재는 없다. 나는 신의 다스리는 손가락이다."

그대들은 국가와의 싸움에 지쳤다.

국가는 그대들이 만든 또 하나의 그대였기 때문이다.

이 피로가 그대들에게 새로운 우상을 섬기라고 부추긴다.

- '짜라투스트라는 이렇게 말했다'

국가가 사행하는 부정과 박해와 굴욕이 국민을 더욱 강하게 만든다. 부강한 국가가 국민의 행복은 아니듯 강력한 국가가 국민의 힘은 아니다. 국가와 국민의 갈등은 여기에서 시작된다. 국민이 강한 나라는 강하다. 국민이 부유한 나라는 부강하다. 하지만 이와 반대로 국가의 강력함은 국민을 옥죄고 착취하는 데 유용하게 쓰인다. 국가의 부유함은 부유한 국민의 자발적인 참여에 의존하기보다는 빼앗고 착취하는 데서 시작되는 경우가 더 많다. 그래서 국민은 국가를 신뢰하지 못하고 국가는 국민들을 불안요소로 다룬다.

병적 정신은 그들을
지배했던 개념이 보여준 간질병처럼 과장된 몸짓으로
대중의 관심을 불러 모으는 데 성공하고 있다.
인간에겐 논리에 귀를 기울이기보다도
몸짓에 더 열광하는 습성이 있기 때문이다.

- '안티 크리스트'

'눈에 보이지 않는 세계'를 믿고 살
아가는 사람은 눈앞에 닥친 시련과 고통에 좌절하지 않는다.
몸으로 겪은 고난은 그를 병들게 하지 못한다. 그의 영혼은
눈에 보이지 않는 그의 세계를 살아가고 있기 때문이다, 반
대로 '눈에 보이는 세계'만 믿고 살아가는 사람은 작은 시련
에도 눈물짓는다. 그에겐 눈앞의 세계가 전부였기 때문이다.
우리는 숙명적으로 눈에 보이는 세계를 살아간다. 하지만 우
리의 영혼만큼은 눈에 보이지 않는 세계를 가졌으면 좋겠다.
그 세계에서 마음껏 살아갔으면 좋겠다.

정치가가 아닌 사람들까지 정치를 염려하게 만드는 국가는
구조적으로 모순된 국가라고 할 수 있다.
이런 국가는 다수결이라는 방패를 든 정치가들 때문에
결국 몰락하게 된다.

- '반시대적 고찰'

         정치는 국민을 설득하는 것보다 강제로 억압하는 데 열을 올리고, 국민의 의견을 통합하기보다는 분열시키고 이간질하는 데 능숙한 재능을 발휘한다. 사람들의 마음이 날이 갈수록 편협해지고, 내 한 몸과 내 가족만 편하게 살면 된다는 이기심이 당연하다는 듯 통용되기까지 정치의 공로가 가장 컸다고 할 수 있다. 니체는 민주주주의란 다수의 어리석은 자들이 소수의 특별한 지성과 판단력을 겸비한 지성인을 무력화시키고 억압하는 제도라고 여겼다. 그러나 오늘날의 우리 정치를 보건대 소수의 어리석은 자들이 다수의 지성인을 억압하는 도구로 민주주의를 전락시킨 것을 생각한다면 니체의 시대보다 이 시대는 더 암울하다고밖에 할 수 없다.

민주주의는 결국 새로운 노예제도의 탄생이다.

민주주의는 인간을 새로운 제도에 적합하도록 사육할 것이다.

그리고 이 제도를 지배하는 몇몇 인간들은

이제껏 유례를 찾아볼 수 없는 명예와 부를 누리게 될 것이다.

이들의 교양이 보편화되어 우리는 그들의 욕구에 맞춰 교육받고,

기능하고, 복종하는 날이 도래할 것이다.

나는 반드시 말해야겠다.

민주주의는 전제적 지배자에게 면죄부가 될 뿐이다.

그들은 민주주의 덕분에 죄의식을 느끼지 않고

수탈을 감행하게 될 것이다.

- '선악을 넘어서'

경제가 발전하고 산업이 일어나면 국민의 소득이 향상되어 이전보다 더 풍족해진다고 말한다. 경제발전이 빈부격차를 해소하고 모든 이에게 공평한 수입으로 돌아간다는 청사진만 남발하는 것이다. 하지만 경제가 발전한 결과로서 사람들은 이기적으로 변모했다. 가진 자는 더 많은 것을 가지려고 눈에 불을 켜고, 못 가진 자는 가진 것이라도 빼앗길까봐 난폭해진다. 계층과 계층이 분열하고, 세대간의 의사소통은 오래 전부터 단절되었다. 한 국가 안에 여러 개의 국가가 동시에 존재하는 상황이 발생하게 된 것이다. 부자들의 나라, 가난한 자들의 나라, 늙은이들의 나라, 젊은이들의 나라가 쉴 새 없이 충돌하고 비난하고 전쟁을 준비한다.

우리는 삶과 행동의
보다 나은 미래를 위해 역사를 연구해야 한다.
삶과 행동으로부터 도피하기 위해,
또는 이기적인 삶과 비겁하고 더러운 행동을 변호하기 위해
역사를 도용해서는 안 된다.
역사가 삶에 헌신하는 한, 우리는 역사에 봉사할 의무가 있다.
하지만 역사에는 일정한 한계가 있으므로
역사를 지나치게 존중하면 삶은 퇴화하고 만다.

- '반시대적 고찰'

요즘 젊은이들은 태어나면서부터 냉혹한 경쟁에서 살아남는 법을 배워야 한다. 삶이 전쟁이라도 된 것처럼 승리자는 모든 것을 소유하고 패배자는 도태당하기 일쑤다. 그런 시대를 살아남은 청춘들이 미래를 건설한다. 그 미래가 나는 두렵기만 하다. 역사에 어떤 시대로 기록될지 두려운 것이다. 앞으로 젊은이들이 사회의 주축으로 성장하게 된다면 우리 세대처럼 국가가 무엇을 시키든 고분고분 따르지는 않을 것이다. 혼돈의 시대가 눈앞에 있다. 우리의 미래는 국가와 국가의 전쟁이 아닌, 국가와 국민의 전쟁으로 뒤덮이게 될 것이 분명하다.

나를 단단하게 만드는 니체의 말

1판 1쇄 2021년 1월 11일

지 은 이 김욱

발 행 인 주정관
발 행 처 더좋은책
주　　소 서울특별시 마포구 양화로 7길 6-16 201호
대표전화 02-332-5281
팩시밀리 02-332-5283
출판등록 2011년 11월 25일 (제387-2011-000066호.)
홈페이지 www.ebookstory.co.kr
이 메 일 bookstory@naver.com

ISBN 978-89-98015-25-1 03160